EMILY JANE BRONTË

Poèmes
(1836-1846)

*Choisis et traduits
d'après la leçon
des manuscrits
par Pierre Leyris*

ÉDITION BILINGUE

nrf

GALLIMARD

On a si souvent décrit l'enfance des trois sœurs Brontë et de leur frère Patrick Branwell au presbytère de Haworth qu'à cet égard un rappel succinct suffira. Le Révérend Brontë (originellement : Branty), Irlandais de souche paysanne, avait apporté dans le Yorkshire l'accent de Drumballyrooney. Il le transmit à ses enfants ; ainsi qu'une religion exigeante qui insistait sur la morale et qui prêchait une conversion toujours renouvelée. Cette foi devait connaître chez eux bien des avatars, jamais s'effacer tout à fait. Non plus, peut-être, l'influence de la tante méthodiste qui, très tôt, remplaça auprès d'eux leur mère morte. Celle-ci était galloise : rien que du sang celtique dans leurs veines.

Le presbytère donnait sur le cimetière et sur la lande houleuse.

Les enfants ayant de quatre à dix ans, leur père leur mit un masque qui se trouvait là, qu'il nommait « masque de vérité », les pressant de répondre sous son couvert à des questions fondamentales.

Mrs. Gaskell ne croit pas qu'ils aient eu de livres d'enfants, mais libre accès à la bibliothèque du pasteur, où les Mille et Une Nuits, Shakespeare, Bunyan, Cowper, Scott et Byron côtoyaient la Bible et des livres de piété. Ils discutaient à un âge incroyablement tendre de ce qu'ils avaient trouvé dans les journaux.

Ignorant le bourg, ils formaient une société close. D'ailleurs se suffisaient à eux-mêmes, courant la lande ou se racontant des histoires, qu'ils notèrent bientôt sur de minuscules calepins. Il faut recourir à la loupe — on a encore ceux de Charlotte et de Patrick — pour les déchiffrer.

Ces histoires se déroulaient en deux royaumes, le royaume d'Angria que Charlotte partageait avec Patrick Branwell, et l'île de Gondal qu'Emily partageait avec Anne.

Dès cette époque, il semble que tout soit « donné », déjà, pour Emily. Sa courte vie — elle est morte de phtisie à vingt-neuf ans — s'écoulera pour ainsi dire toute auprès de la lande, qu'elle ne pouvait quitter sans dépérir. Wuthering Heights *montrera son attachement profond à l'enfance. Une grande part de ses poèmes, sa fidélité à Gondal, ce rêve de l'enfance. Le dernier poème qu'elle ait ébauché, deux ans avant sa mort, tisse toujours le mythe de Gondal.*

De nombreux poèmes, donc, apparaissent comme les membres épars d'une geste romanesque inachevée. Ce sont royaumes combattants, conspirations et luttes, vengeances sanglantes, rivalités et trahisons amoureuses, abandons meurtriers — qui, dirait-on, pourraient se répéter toujours, se poursuivre sans fin parmi les landes et les collines de Haworth[1]. Si les personnages sont souvent mal saisissables (ils semblent même parfois se fondre l'un dans l'autre, ou se dédoubler, ou changer de sexe) c'est qu'ils n'ont guère été rêvés que pour définir des situations humaines exemplaires. Mais les sentiments qu'ils expriment, les passions qu'ils portent, s'imposent au contraire avec force, indéniablement épousés par Emily.

Certes il arrive aussi qu'elle parle en son nom propre, en dehors de Gondal et de toute fiction. Parfois, rien de plus clair. Mais parfois il est hasardeux d'en décider, tant l'expérience rêvée et l'expérience littéralement vécue se compénètrent. C'est dans le poème le plus « gothique » qu'intervient tout à coup la description la plus serrée, l'évocation la plus frappante d'une extase qu'Emily ne peut pas ne pas avoir connue. Mais on s'égarerait tout à fait si on prétendait retrouver dans sa vie réelle des circonstances répondant aux situations passionnelles du mythe. Celles-ci existent

---

1. On a tenté, Miss Ratchford notamment, de reconstituer dans ses grandes lignes cette ébauche de saga — sans jeter pour autant un jour bien nouveau sur les poèmes. Il suffira de se souvenir, pour éviter toute interprétation autobiographique aberrante, que beaucoup participent à une fiction, comme le rappellent parfois les noms ou les initiales de personnages qui figurent en tête.

d'autant plus dans le monde de Gondal qu'elles n'ont point existé dans le monde de Haworth.

Pourquoi donc le monde de Gondal est-il si frénétique et si sombre? On entrevoit tout ce qui a pu nourrir très tôt chez Emily cette imagination du mal[1]. La religion qui l'enveloppait le dénonçait comme l'Ennemi constant, jamais vaincu. Les faits-divers anciens ou contemporains d'une région restée étrangement farouche, que semblent lui avoir rapportés librement son père et son frère, attestaient encore la puissance du mal. Ce frère, par ses excès désordonnés, son acharnement à se détruire (au besoin par l'alcool, le laudanum), en devint un vivant exemple. Et elle-même, comme l'énonce un poème écrit à dix-huit ans, ne retrouvait-elle pas la corruption universelle jusque dans son propre cœur?

D'où l'écho en elle, dès qu'elle eut l'âge de lire, d'un romantisme noir dont Wuthering Heights *sera la plus belle fleur tardive. Elle a commémoré dans le nom même de ses personnages l'envoûtement du* Nain noir *de Scott[2]. Qu'elle ait été touchée aussi, et avec plus de conséquences, par Byron, ne fait non plus aucun doute.* Manfred, le Corsaire, Lara *lui montraient la fatalité intérieure rayonnant d'un tragique éclat. Heathcliff sera de la même race, lui qui ne saurait s'accomplir que dans le mal, en suivant la pente de sa nature avec une sincérité implacable et désespérée. On sait l'inoubliable cri de Catherine Earnshaw : « Je suis Heathcliff », où l'attachement à l'enfance s'identifie à toute transgression commise en son nom[3].* Wuthering Heights *éclaire ici les poèmes, plus ambigus : de même qu'il y a pour Emily une pureté et une vérité de l'enfance face aux raisons dérisoires des adultes, il y a pour elle une pureté et comme une nécessité du mal face aux interdits du bien.*

Non que le mal ne reste à ses yeux le mal. Non qu'il ne porte en lui le germe de son expiation. Non qu'Emily enfin, dans les personnages de ses poèmes, ne soit bien davantage sa victime, sa

---

1. Jacques Blondel dit très justement dans son excellent *Emily Brontë, Expérience spirituelle et création poétique* (P. U. F., 1955) : « Le mystère du mal au cœur de la création s'imposera avec force, car le sentiment du péché sera d'abord saisi par l'imagination. »
2. Heathcliff et Earnshaw renvoient manifestement à l'Earnscliff et à l'Ellieslaw de Scott.
3. Georges Bataille a développé cela dans son pénétrant essai sur Emily Brontë *(La Littérature et le Mal,* Gallimard, 1957).

9

captive, que son instrument. Mais peu importe qui l'inflige ou qui le souffre : elle le vit en tout cas avec une impatience avide, comme pour l'épuiser enfin dans la mort, à laquelle il court.

Car la mort, pour Emily, n'est rien moins qu'anéantissement; elle est, dans l'apaisement de toute lutte, dans la réduction, peut-être, de toute antinomie, l'accès à la patrie remémorée ou pressentie, où l'esprit immortel, enfin pleinement libre, rejoindra son principe.

J'ai cru avoir des nouvelles d'Emily en lisant ce fragment orphique restitué par Simone Weil :

Tu trouveras près de la demeure des morts, à gauche, une source.
Près d'elle, tout blanc, se dresse un cyprès.
Cette source-là, n'y va pas, n'en approche pas.
Tu en trouveras une autre qui sort du lac de la Mémoire [1], eau froide qui jaillit. Des gardes se tiennent devant.
Dis-leur : Je suis la fille de la Terre et du Ciel étoilé, mais j'ai mon origine au Ciel. Cela, vous le savez vous-mêmes.
La soif me consume et me tue. Ah! donnez vite l'eau froide qui jaillit du lac de la Mémoire.
Et ils te permettront de boire à la source divine, et alors, parmi tous les héros, tu régneras.

Cependant cette soif, non pas de n'être plus, mais d'être plus, et libre pour l'éternité, ne s'exprime pas chez Emily en termes simples. Fille aimante de la Terre, elle refuse un Ciel qui ne serait pas à l'image de sa mère. C'est comme si, ayant entendu à l'église de Haworth que « la création tout entière soupire après la liberté des enfants de Dieu », elle eût voulu l'emporter toute au Ciel, à la fois telle quelle et transfigurée. Sans doute en reçut-elle la promesse sur la lande dans l'un de ces instants éternels qui devinrent sa loi.

P. L.

1. Simone Weil commente : « Cette mémoire est la même qui est le principe de la réminiscence platonicienne et de la mémoire douloureuse d'Eschyle. C'est la connaissance des choses divines. Le cyprès blanc a peut-être des rapports avec l'Arbre de la science du bien et du mal, qui, d'après la « Queste du saint Graal », était entièrement blanc » (« Dieu dans Platon » in *La Source grecque,* Gallimard, 1953).

C'était une famille très réservée. Les villageois ne les voyaient guère excepté le dimanche. Miss Emily était la plus farouche. Elle ne venait jamais, ou du moins très rarement, au village. Mais si vous regardez là, par la fenêtre [*celle de l'église*], vous verrez le chemin qu'elle prenait toujours pour aller du presbytère à la lande, suivie de ses chiens. Si mauvais temps qu'il fît, elle aimait tant la lande qu'il fallait qu'elle y allât, pour le plaisir de prendre le frais des brises.

(D'un témoignage oral du sacristain de Haworth.)

Emily avait alors la silhouette souple et gracieuse. C'était la plus grande, après son père. Ses cheveux, naturellement aussi beaux que ceux de Charlotte, étaient frisés en boucles serrées, sans élégance. Elle était pâle de teint. Elle avait de très beaux yeux bleus, empreints de bonté, limpides, ardents, mais qui ne vous regardaient pas souvent : elle était trop réservée. Ses yeux paraissaient parfois gris foncé, parfois bleu foncé, tant ils étaient changeants. Elle parlait peu. Anne et elle semblaient être jumelles. Son extrême réserve paraissait impénétrable, et pourtant elle était intensément attirante; elle vous inspirait confiance en sa force morale. Peu de gens ont le don de regarder et de sourire comme elle savait le faire. Un seul de ses regards expressifs était chose à se rappeler toute sa vie, tant ils trahissaient de profondeur d'âme et de sentiment, malgré une timidité à se révéler, une force de réserve qu'on ne voyait chez nulle autre. Elle était au sens le plus strict une loi pour elle-même et une héroïne dans son observance de sa loi. Elle et la douce Anne apparaissaient enlacées comme les statues réunies de la puissance et de l'humilité. On les voyait dans leur jeune âge les bras noués autour de la taille l'une de l'autre chaque fois que leurs occupations le leur permettaient. Au sommet d'une lande ou dans un val profond, Emily était une enfant en esprit pour la joie et la gaieté; et lorsqu'elle devait faire fond sur ses seules ressources pour montrer à autrui de la gentillesse, elle pouvait converser avec vivacité et se plaire à faire plaisir. Elle était aussi possédée parfois d'un esprit malicieux quand elle se trouvait dehors sur la lande. Elle aimait à conduire Charlotte là où celle-ci n'eût pas osé aller de son propre mou-vement. Charlotte avait une peur mortelle des animaux étran-gers, et c'était la joie d'Emily de la mener dans leur voisinage immédiat et puis de lui dire ce qu'elle avait fait, riant et s'amu-sant beaucoup de son horreur. Lorsque Emily voulait un livre qu'elle avait laissé au salon, elle y rentrait en coup de vent sans regarder personne, notamment s'il y avait là quelque invité. Parmi les vicaires, Mr. Weightman fut le seul envers lequel elle usa jamais de quelques formes de courtoisie. La facilité avec laquelle elle apprenait la musique était stupé-fiante; elle avait le style, le toucher et l'expression d'un pro-fesseur absorbé cœur et âme dans son thème. Les deux chiens Keeper et Flossy se tenaient toujours tranquillement aux côtés d'Emily et d'Anne pendant leur petit déjeuner écossais de bouillie d'avoine et de lait...

> *(D'une lettre d'Ellen Nussey, camarade d'école*
> *de Charlotte, à Clement Shorter.)*

Le fait qu'Emily souffrait physiquement quand elle était absente de Haworth, après s'être renouvelé plusieurs fois en pareille circonstance, finit par être si bien admis que les sœurs, s'il fallait que quelqu'une d'entre elles partît, décidaient qu'Emily resterait là, comme au seul endroit où elle pouvait se bien porter. Elle quitta Haworth à deux reprises dans sa vie, une première fois lorsqu'elle alla enseigner pendant six mois dans une école à Halifax et, plus tard, lorsqu'elle accompagna Charlotte à Bruxelles pendant dix mois. Quand elle était à la maison, elle faisait la plus grande partie de la cuisine et tout le repassage; puis, lorsque Tabby fut devenue vieille et infirme, c'est Emily qui confectionna tout le pain de la famille; et, si l'on passait devant la porte de la cuisine, on la voyait étudier l'allemand dans un livre ouvert dressé devant elle, tout en pétrissant la pâte; mais aucune étude, si intéressante qu'elle fût, ne nuisait à la qualité du pain, qui était toujours léger et excellent. A vrai dire, on voyait fréquemment des livres dans la cuisine. Les filles apprenaient théoriquement de leur père et pratiquement de leur tante que, dans leur position, prendre une part active aux besognes domestiques était le devoir pur et simple d'une femme; mais, comme elles réglaient avec soin leur emploi du temps, elles trouvaient souvent cinq minutes par-ci par-là pour lire tout en surveillant les gâteaux, parvenant à conjuguer deux occupations différentes mieux que le roi Alfred.

(*Mrs. Gaskell, dans* La Vie de Charlotte Brontë.)

Il y avait de quatre-vingts à cent élèves dans le pensionnat où Charlotte et Emily Brontë entrèrent en février 1842 à Bruxelles... Les deux sœurs restaient accrochées l'une à l'autre et se tenaient à l'écart de la bande joyeuse, turbulente et fertile en amitiés des filles belges qui, de leur côté, trouvaient les nouvelles élèves anglaises farouches, timides, et dotées de bizarres idées excentriques et insulaires sur la façon de s'habiller; car Emily s'était éprise de la mode, déjà laide et absurde lorsqu'elle faisait fureur, des manches à gigot, et persistait à en porter alors qu'elles étaient tombées depuis longtemps en désuétude. Avec cela, ses jupes n'avaient pas une courbe ni une ondulation, mais pendaient, longues et droites, sur sa silhouette efflanquée. Les sœurs ne parlaient à personne, sauf en cas de nécessité. Elles étaient trop occupées de leurs graves pensées et de la poignante nostalgie qu'inspire l'exil pour prendre part à une conversation insouciante ou à un jeu joyeux. M. Héger, qui n'avait cessé de les observer pendant les premières semaines de leur résidence rue d'Isabelle, comprit qu'étant donné leurs caractères exceptionnels et leurs dons extraordinaires, il lui fallait adopter une méthode différente de celle qu'il employait généralement pour enseigner le français aux jeunes filles anglaises. Il semble avoir placé le génie d'Emily plus haut encore que celui de Charlotte, et celle-ci se faisait la même idée de leurs capacités respectives. Selon lui, Emily avait la tête faite pour la logique et une faculté d'argumentation qui eût été peu commune pour un homme et qui était d'autant plus rare chez une femme. La force de ce don était altérée par un entêtement tenace et opiniâtre qui la fermait à tout raisonnement allant à l'encontre de ses inclinations et de son sentiment de la justice. « Elle aurait dû être un homme, un grand navigateur », a dit M. Héger en parlant d'elle. « Sa puissante raison eût déduit de nouvelles sphères de découvertes de la connaissance des anciennes ; et sa vigoureuse, son impérieuse volonté ne se fût jamais laissé intimider par l'opposition ni les difficultés, n'eût jamais cédé, si ce n'est en perdant la vie ... » Mais elle semblait égoïste et exigeante par comparaison avec Charlotte qui ne songeait jamais à elle-même (au témoignage de M. Héger) et qui, dans son souci de contenter sa jeune sœur, lui permettait d'exercer sur elle une sorte de tyrannie inconsciente.

(*Mrs. Gaskell*, op. cit.)

L'affection que Charlotte portait aux animaux prenait plutôt chez Emily le caractère d'une passion. Quelqu'un, en me parlant d'elle, m'a dit avec une force d'expression spontanée : « Elle ne s'est jamais souciée d'aucune créature humaine ; tout son amour, elle le réservait aux animaux. » La détresse d'un animal était pour celui-ci un sauf-conduit auprès du cœur de Charlotte ; un naturel sauvage, farouche, intraitable était au contraire ce qui le recommandait à Emily. Charlotte m'a dit, en faisant allusion à sa sœur défunte, qu'un grand nombre de traits de caractère de Shirley [1] lui avaient été empruntés; sa façon de s'asseoir sur le tapis et de lire le bras passé autour du cou rugueux de son bull-dog; la manière dont elle appela un jour un chien étranger qui courait tête basse et langue pendante, afin de lui donner par pitié une lampée d'eau, la morsure frénétique que lui infligea l'animal, la présence d'esprit et la dignité sévère avec laquelle elle alla droit à la cuisine et s'empara d'un des fers à repasser rougis au feu de Tabby pour cautériser l'endroit mordu, sans rien dire à personne avant que le danger eût été pour ainsi dire écarté, de crainte des frayeurs qui pouvaient assaillir leurs esprits moins fermes; tout cela, qu'on regarde comme une fiction habilement inventée dans *Shirley*, fut écrit par Charlotte les yeux ruisselants de larmes : c'était le compte rendu littéral de ce qu'Emily avait fait.

(Mrs. Gaskell, ibidem.)

J'ai commis une grave erreur en vous révélant son identité à vous et à Mr. Smith. J'ai regretté l'aveu au moment même où je l'ai fait et je le regrette amèrement aujourd'hui encore, car je constate qu'il va à l'encontre de tous les sentiments et de toutes les intentions d'Ellis Bell.

(D'une lettre de Charlotte à W. S. Williams,
l'éditeur des Poems by Currer, Ellis and Acton Bell.)

Je ne crois pas qu'il [*Ellis, soit Emily*] admette que « le sujet d'étude le plus approprié au genre humain soit l'homme, tout au moins pas l'homme artificiel des villes. A certains égards, je considère Ellis comme ayant quelque chose d'un théoricien : de temps en temps il amorce des idées qui me font l'effet d'être beaucoup plus hardies et originales que pratiques : son esprit peut être en avance sur le mien, mais en tout cas il chemine par des voies différentes.

(D'une lettre de Charlotte à W. S. Williams.)

1. Héroïne du roman de Charlotte qui porte le même nom.

Je voudrais espérer qu'Emily va un peu mieux ce soir, mais il est difficile de s'en assurer. C'est une vraie stoïque dans la maladie. Elle ne recherche ni n'accepte la sympathie. Poser des questions, offrir de l'aide, c'est l'importuner. Elle refuse de céder d'un pas devant la douleur ou la maladie, à moins que d'y être contrainte, et elle ne veut renoncer à aucune de ses occupations coutumières. Il faut la voir faire ce qu'elle n'est pas en état de faire, sans dire un mot — pénible obligation pour ceux qui considèrent sa santé et son existence comme aussi précieuses que la vie qui coule dans leurs veines. Quand elle est malade, il me semble qu'il n'y a plus de soleil dans le monde. C'est un lien étroit et cher, en vérité, que celui qui vous lie à une sœur, et s'il y a une certaine rudesse dans son caractère robuste et particulier, je crois que cela ne fait qu'augmenter mon attachement. »

(D'une lettre de Charlotte à W. S. Williams.)

L'état d'Emily empirait rapidement. Je me souviens du frisson qu'eut Miss Brontë au souvenir de la douleur poignante qu'elle ressentit lorsque, après avoir fouillé les petits creux et les crevasses abritées de la lande pour y trouver un brin de bruyère attardé — un brin seulement, quelque fané qu'il pût être — afin de le rapporter à Emily, elle vit que les yeux embrumés et indifférents ne reconnaissaient pas la fleur. Cependant, jusqu'au bout, Emily conserva tenacement ses habitudes d'indépendance. Elle ne souffrait pas que personne l'aidât. Tout effort en ce sens réveillait son ancienne humeur farouche. Un mardi matin de décembre [1848], elle se leva et s'habilla comme de coutume, s'interrompant souvent mais faisant tout de ses propres mains, et tentant même de reprendre son ouvrage de couture. Les servantes la regardaient, sachant ce que le souffle rauque, haletant, et l'œil vitreux prédisaient trop sûrement; mais elle continua son ouvrage; et Charlotte et Anne, quoique pénétrées d'une indicible crainte, gardaient encore une faible lueur d'espoir. Ce matin-là, Charlotte écrivit, probablement en présence de sa sœur mourante :

« Je vous aurais écrit plus tôt si j'avais eu un mot d'espoir à dire ; mais je n'en ai point. Elle devient chaque jour plus faible. L'opinion du médecin [1] était exprimée de manière trop obscure pour être utile. Il a envoyé une médecine, qu'elle a refusé de prendre. Je n'ai jamais connu de moments aussi sombres. Je prie Dieu de nous venir en aide à tous. Jusqu'ici Il nous a accordé son soutien. »

La matinée touchait à sa fin. Emily était de plus en plus mal : elle ne pouvait plus émettre que des murmures et des râles. Maintenant qu'il était trop tard, elle dit à Charlotte : « Si vous envoyez chercher un docteur, je le verrai à présent. » Elle mourut vers deux heures.

(Mrs. Gaskell, op. cit.)

Il n'eût pas été difficile de composer un volume à l'aide des manuscrits laissés par mes sœurs si j'avais, en faisant le choix, banni de mes préoccupations les scrupules et les vœux de celles dont ces manuscrits gardent les pensées. Mais cela était impossible : une influence plus forte que n'en pouvait exercer aucun motif de commodité réglait nécessairement le choix. Aussi me suis-je contenté de cueillir dans la masse un petit poème par-ci par-là. L'ensemble ne forme qu'un menu bouquet, et la couleur et le parfum des fleurs ne sont pas tels qu'elles puissent servir à parer une fête.

On a déjà dit que mes sœurs écrivirent beaucoup au temps de leur enfance et de leur adolescence. Habituellement, il semble injustifié d'exposer en un livre les pensées rudimentaires d'un esprit qui n'est point mûr encore, les efforts malhabiles d'une main inexpérimentée ; je me hasarde toutefois à donner trois petits poèmes de ma sœur Emily écrits dans sa seizième année, parce qu'ils illustrent un trait de son caractère.

A cette époque, elle fut envoyée à l'école. Auparavant sa vie,

---

1. Emily refusa toujours de voir un médecin, même venu expressément pour elle au presbytère : « Aucun empoisonneur ne s'approchera de moi », disait-elle. Charlotte avait écrit à un grand médecin de Londres pour lui demander conseil. (N. d. t.)

à l'exception d'une demi-année seulement, s'était écoulée dans la retraite absolue d'un presbytère de village, parmi les collines qui bordent le Yorkshire et le Lancashire. Le spectacle qu'offrent ces collines n'est pas grandiose ni romantique, à peine s'il est frappant. Ce sont de longues landes basses, assombries de bruyères et enfermées en de petits vallons où un ruisseau baigne çà et là une frange de taillis rabougris. Des moulins et des maisonnettes éparses chassent tout caractère romanesque de ces vallons; c'est seulement plus haut, au cœur des crêts de la lande, que l'Imagination peut trouver où poser le pied; encore doit-elle être, pour cela, un corbeau ami de la solitude, non une tendre colombe. Si elle a besoin de beauté pour l'inspirer, elle doit la produire elle-même; ces landes sont trop sévères pour rien fournir d'aussi délicat. L'œil du spectateur doit receler *lui-même* une « lumière pourpre » assez intense pour perpétuer la brève flambée florale d'août sur la bruyère, ou les rares sourires du couchant de juin; c'est de son cœur que doit sourdre la fraîcheur qui, à la fin du printemps et au début de l'été, avive la fougère, nourrit la mousse et favorise les fleurs étoilées qui parsèment pour quelques semaines le pâtis des moutons de la lande. A moins que cette lumière et cette fraîcheur ne soient innées et ne s'entretiennent d'elles-mêmes, la morne perspective d'une lande du Yorkshire paraîtra aussi dénuée d'intérêt poétique que de valeur agricole; c'est peut-être l'amour pour la nature sauvage qui s'attache à un lieu avec la constance la plus passionnée, car c'est l'amant des collines qui lui apporte la moitié de son charme.

Ma sœur Emily chérissait la lande. Pour elle, des fleurs plus éclatantes que la rose s'épanouissaient au plus noir de la lande; d'un creux maussade ouvert au flanc livide de la colline, son esprit savait faire un Eden. Elle trouvait dans la solitude désolée maintes chères délices; et ce n'était pas la moindre, mais bien la plus aimée d'entre elles que la liberté.

La liberté était le souffle des narines d'Emily; sans elle, elle se mourait. Quitter sa maison pour une école, et son existence si peu bruyante, si retirée, mais sans contraintes ni artifices, pour une discipline routinière (quoique placée sous les plus bienveillants auspices), voilà ce qu'elle ne put endurer. Sa nature, en l'occurrence, fut trop forte pour son courage. Chaque matin, à son réveil, la vision de sa maison et de la lande s'imposait immédiatement à elle, assombrissant et attristant la journée qui s'étendait devant elle. Personne ne savait de quel mal elle souffrait, si ce n'est moi — je ne le savais que trop bien. Dans cette lutte, sa santé fut promptement brisée : son visage blanc, son corps amaigri et ses forces défaillantes présageaient un rapide déclin. Je sentis en mon cœur qu'elle mourrait si elle ne retournait pas à la maison et, grâce à cette conviction, j'obtins son rappel. Elle n'était restée que trois mois à l'école, et il se passa quelques années avant qu'on ne tentât à nouveau de l'éloigner de la maison. Après sa vingtième année, et non sans avoir, dans l'intervalle, étudié seule avec diligence et persévérance, elle s'en vint avec moi dans un établissement du continent. La même souffrance et le même conflit s'ensuivirent, accrus par la vive répugnance de son esprit foncièrement hérétique et anglais pour le suave jésuitisme du système étranger et romain. Une nouvelle fois elle parut sombrer, mais elle se ressaisit par la simple force de sa résolution ; elle se rappela son échec ancien avec honte et remords, et décida de triompher dans cette seconde épreuve. Elle triompha en effet, mais la victoire lui coûta trop cher. Elle ne fut jamais heureuse, qu'elle n'eût ramené son savoir durement acquis dans son village anglais reculé, au vieux presbytère, et parmi les collines désolées du Yorkshire. Un très petit nombre d'années s'écoulèrent encore, avant qu'elle ne regardât pour la dernière fois ces collines, qu'elle ne respirât pour la dernière fois dans cette maison, et qu'elle ne trouvât dans la petite nef de cette obscure église de village son humble et dernier lieu de repos. Clément fut le décret qui l'épargna alors qu'elle était une étrangère en terre étrangère, et qui entoura son lit de mort de l'amour de ses proches et de leur congéniale constance...

(*Charlotte Brontë, préface à*
Selections from Poems by Ellis Bell.)

En *1845*, *Charlotte Brontë « tombait accidentellement » sur des poèmes d'Emily et la persuadait à grand peine d'en publier un petit nombre, aux côtés des siens et de ceux d'Anne, dans un recueil qui paraîtrait sous trois noms d'emprunt. Ce furent les* Poems by Currer, Ellis and Acton Bell *(Londres, 1846). Le livre contenait vingt poèmes d'Emily.*

En 1850, après la mort d'Emily et d'Anne, Charlotte publia, conjointement à Wuthering Heights *et à* Agnes Grey, *et non sans y apporter de multiples changements, dix-sept nouveaux poèmes d'Emily.*

La plupart des poèmes restés manuscrits furent publiés peu à peu, notamment au début de ce siècle, mais avec de nombreuses erreurs de lecture et d'attribution dues à la petitesse et à la similitude de l'écriture des trois sœurs Brontë et de leur frère. La première édition vraiment complète et critique de l'ensemble des poèmes fut celle que C. W. Hatfield publia en 1941 à New-York après de longues recherches. Il semble bien qu'elle soit restée la meilleure — comme en juge Jacques Blondel dans l'ouvrage si autorisé que nous avons déjà cité — et c'est sur elle que se fonde le présent choix [1].

Le texte établi par C. W. Hatfield est toujours celui des manuscrits, même pour les poèmes publiés du vivant d'Emily. Cela, non seulement parce qu'à cette occasion déjà Charlotte semble avoir agi, fût-ce avec l'assentiment de sa sœur, en éditrice assez volontaire, mais parce qu'Emily elle-même, dans cette publica-

---

1. Nous ne nous en sommes écarté que pour la datation du poème inachevé « A quoi bon demander la date, le climat? », conformément au témoignage de Jacques Blondel qui a lu « 1843 » au lieu de « 1848 » sur le manuscrit du British Museum.

tion qui lui était comme arrachée, s'efforça du moins d'effacer de ses poèmes toute trace gondalienne. Aujourd'hui, on ne saurait respecter ce désir de secret alors qu'on publie indiscrètement l'ensemble des poèmes.

C'est pour le grand poème d'octobre 1845, « Silencieuse est la maison... » que le texte imprimé et le texte manuscrit diffèrent de la façon la plus sensible. En 1845, Charlotte et Emily en publièrent seize strophes sous le titre de « La Prisonnière », omettant les trois premières strophes, puis en chemin cinq strophes, puis enfin les quatorze dernières strophes, et apportant diverses modifications telles que la suppression du nom de Julian et l'invention d'une nouvelle strophe finale assez gauche. En 1850, Charlotte publia séparément les trois premières strophes avec de graves changements et sous le titre trompeur de « Le Visionnaire ». Le manuscrit restitue au poème son unité première. Il est vrai que celle-ci n'est pas sensible au premier coup d'œil : à partir de la quatrième strophe, on se trouve soudain dans un autre temps, un autre lieu. Mais tout s'éclaire si l'on s'avise que le personnage aux aguets du début se remémore maintenant les circonstances dans lesquelles il a délivré « l'ange » qu'il attend dans la nuit.

Parmi les poèmes publiés en 1850 par Charlotte comme étant d'Emily, il en est un, « Strophes », qui ne figure dans aucun manuscrit; qui en outre, comme le fait remarquer très justement C. W. Hatfield, ressemble davantage à un portrait d'Emily par Charlotte qu'à une profession de foi d'Emily. Suivant son exemple, nous l'avons rejeté en appendice.

Poèmes

TELL ME, TELL ME, SMILING CHILD

Tell me, tell me, smiling child,
What the past is like to thee?
"An Autumn evening soft and mild
With a wind that sighs mournfully."

Tell me, what is the present hour?
"A green and flowery spray
Where a young bird sits gathering its power
To mount and fly away."

And what is the future, happy one?
"A sea beneath a cloudless sun;
A mighty, glorious, dazzling sea
Stretching into infinity."

July, 1836

DIS-MOI, DIS, SOURIANTE ENFANT

Dis-moi, dis, souriante enfant,
Qu'est-ce, pour toi, que le passé?
« Un soir d'automne, doux et clément,
Où le vent soupire, endeuillé. »

Qu'est-ce, pour toi, que le présent?
« Un rameau vert chargé de fleurs
Où l'oiselet bande ses forces
Pour s'envoler dans les hauteurs. »

Et l'avenir, enfant bénie?
« La mer sous un soleil sans voiles,
La mer puissante, éblouissante
Qui, là-bas, rejoint l'infini. »

Juillet 1836

WOODS, YOU NEED NOT FROWN ON ME

Woods, you need not frown on me;
Spectral trees, that so dolefully
Shake your heads in the dreary sky,
You need not mock so bitterly.

December, 1836

BOIS, POURQUOI ME FAIRE GRISE MINE?

Bois, pourquoi me faire grise mine?
Spectres branchus qui, dolemment,
Branlez du chef dans le ciel morne,
Pourquoi me railler méchamment?

Décembre 1836

I AM THE ONLY BEING
WHOSE DOOM

I am the only being whose doom
No tongue would ask, no eye would mourn;
I never caused a thought of gloom
A smile of joy, since I was born.

In secret pleasure, secret tears,
This changeful life has slipped away,
As friendless after eighteen years
As lone as on my natal day.

There have been times I cannot hide,
There have been times when this was drear,
Where my sad soul forgot its pride
And longed for one to love me here.

But those were in the early glow
Of feelings since subdued by care;
And they have died so long ago,
I hardly now believe they were.

First melted off the hope of youth,
Then Fancy's rainbow fast withdrew;
And then experience told me truth
In mortal bosoms never grew.

JE SUIS LE SEUL ÊTRE ICI-BAS
DONT NE S'ENQUIERT

Je suis le seul être ici-bas dont ne s'enquiert
Nulle langue, pour qui nul œil n'aurait de pleurs;
Jamais je n'ai fait naître une triste pensée,
Un sourire de joie depuis que je suis née.

En de secrets plaisirs, en de secrètes larmes,
Cette changeante vie s'est écoulée furtive,
Autant privée d'amis après dix-huit années,
Oui, solitaire autant qu'au jour de ma naissance.

Il fut jadis un temps que je ne puis cacher,
Il fut jadis un temps où c'était chose amère,
Où mon âme en détresse oubliait sa fierté
Dans son ardent désir d'être aimée en ce monde.

Cela, c'était encore aux premières lueurs
De sentiments depuis par le souci domptés;
Comme il y a longtemps qu'ils sont morts! A cette heure,
A peine je puis croire qu'ils ont existé.

D'abord fondit l'espoir de la jeunesse, puis
De l'Imagination s'évanouit l'arc-en-ciel,
Enfin m'apprit l'expérience que jamais
La vérité n'a crû dans le cœur d'un mortel.

'Twas grief enough to think mankind
All hollow, servile, insincere;
But worse to trust to my own mind
And find the same corruption there.

May 17, 1837

Ce fut cruel, déjà, de penser que les hommes
Étaient tous creux et serviles et insincères,
Mais pire, ayant confiance dans mon propre cœur,
D'y déceler la même corruption à l'œuvre.

17 mai 1837

THE SUN HAS SET,
AND THE LONG GRASS NOW

The sun has set, and the long grass now
Waves drearily in the evening wind;
And the wild bird has flown from that old grey stone,
In some warm nook a couch to find.

In all the lonely landscape round
I see no sight and hear no sound,
Except the wind that far away
Comes sighing o'er the heathy sea.

August, 1837

LE SOLEIL EST COUCHÉ,
A PRÉSENT L'HERBE LONGUE

Le soleil est couché, à présent l'herbe longue
Oscille, languissante, dans le vent du soir;
L'oiseau s'est envolé de cette pierre grise
Pour trouver quelque chaud recoin où se blottir.

Il n'est rien, dans tout le paysage désert,
Qui vienne frapper mon regard ou mon oreille,
Si ce n'est que le vent, là-bas,
Accourt en soupirant sur la mer de bruyères.

Août 1837

FRAGMENTS

1.   *Only some spires of bright green grass*
     Transparently in sunshine quivering

                         ★

2.   *And first an hour of mournful musing,*
     And then a gush of bitter tears,
     And then a dreary calm diffusing
     Its deadly mist o'er joys and cares;

     And then a throb, and then a lightening,
     And then a breathing from above,
     And then a star in heaven brightening
     The star, the glorious star of love.

                                        August, 1837

34

FRAGMENTS

1. Seules quelques tiges d'herbe d'un vert brillant
   Tremblaient, transparentes, au soleil.

*

2. C'est tout d'abord un temps de triste rêverie,
   Puis un jaillissement de pleurs amers,
   Puis un calme lugubre et son mortel brouillard
   Qui s'épand sur joies et soucis;

   Puis le cœur qui palpite, puis un allégement,
   Puis un souffle venu d'en-haut,
   Puis une étoile qui s'allume au firmament,
   L'étoile, l'étoile éblouissante de l'amour.

Août 1837

35

WIND, SINK TO REST IN THE HEATHER

Wind, sink to rest in the heather,
Thy wild voice suits not me:
I would have dreary weather,
But all devoid of thee.

Sun, set from that evening heaven,
Thy glad smile wins not mine;
If light at all is given,
O give me Cynthia's shine.

August, 1837

VENT, ÉTEINS-TOI DANS LA BRUYÈRE

Vent, éteins-toi dans la bruyère,
Ta voix folle ne me plaît pas;
Je veux certes un temps sévère,
Mais qui soit dépourvu de toi.

Soleil, quitte le ciel du soir,
Ton sourire ne me conquiert pas;
S'il faut vraiment de la lumière,
Que ce soit celle de Cynthia.

Août 1837

A FRAGMENT

Her sister's and her brother's feet
Are brushing off the scented dew,
And she springs up in haste to greet
The grass and flowers and sunshine too.

August, 1837

FRAGMENT

Les pieds de sa sœur, de son frère
Essuient la rosée embaumée :
Elle bondit pour saluer
L'herbe, les fleurs et le soleil.

Août 1837

SLEEP BRINGS NO JOY TO ME

A. G. A.

Sleep brings no joy to me,
Remembrance never dies;
My soul is given to misery
And lives in sighs.

Sleep brings no rest to me;
The shadows of the dead
My waking eyes may never see
Surround my bed.

Sleep brings no hope to me;
In soundest sleep they come,
And with their doleful imagery
Deepen the gloom.

Sleep brings no strength to me,
No power renewed to brave,
I only sail a wilder sea,
A darker wave.

Sleep brings no friend to me
To soothe and aid to bear;

LE SOMMEIL VIENT SANS NULLE JOIE

A. G. A.

Le sommeil vient sans nulle joie;
Jamais ne meurt le souvenir;
Mon âme vit dans la détresse
Et les soupirs.

Le sommeil vient sans nulle paix;
Les ombres des morts que jamais
Mes yeux ouverts ne peuvent voir
Hantent ma couche.

Le sommeil vient sans nul espoir;
Son règne les fait apparaître,
Et leur dolent cortège aggrave
L'ombre funèbre.

Le sommeil vient sans nul regain
De force neuve et de courage :
J'affronte une mer plus sauvage,
Un flot plus noir.

Le sommeil vient sans nul ami
Qui m'apaise, m'aide à souffrir;

41

They all gaze, oh, how scornfully,
And I despair.

Sleep brings no wish to knit
My harassed heart beneath;
My only wish is to forget
In sleep of death.

November, 1837

Dans tous les yeux, rien que mépris;
Je désespère.

Le sommeil vient sans nul désir
Dont réarmer mon cœur meurtri —
Sinon du sommeil de la Mort
Et son oubli.

Novembre 1837

I'LL COME WHEN THOU ART SADDEST

I'll come when thou art saddest,
Laid alone in the darkened room;
When the mad day's mirth has vanished,
And the smile of joy is banished
From evening's chilly gloom.

I'll come when the heart's real feeling
Has entire, unbiassed sway,
And my influence o'er thee stealing,
Grief deepening, joy congealing,
Shall bear thy soul away.

Listen, 'tis just the hour,
The awful time for thee;
Dost thou not feel upon thy soul
A flood of strange sensations roll,
Forerunners of a sterner power,
Heralds of me?

November, 1837

JE VIENDRAI QUAND TU CONNAÎTRAS
LA PIRE ANGOISSE

Je viendrai quand tu connaîtras la pire angoisse,
Allongé, seul, dans la chambre assombrie,
La folle joie de la journée évanouie
Et l'heureux sourire banni
Des ténèbres glacées du soir.

Je viendrai quand le vrai sentiment de ton cœur
Régnera pleinement, sans rien pour le gauchir,
Et que mon influence, se glissant en toi,
Aggravant la désolation, gelant la joie,
Emportera ton âme.

Écoute : voici l'heure, voici
Pour toi le moment redoutable ;
Ne sens-tu pas déferler sur ton âme
Un flot d'étranges sensations,
Signes avant-coureurs d'un plus rude pouvoir,
Hérauts de mon avènement ?

Novembre 1837

STRONG I STAND, THOUGH I HAVE BORNE

Strong I stand, though I have borne
Anger, hate and bitter scorn;
Strong I stand, and laugh to see
How mankind have fought with me.

Shade of mast'ry I contemn
All the puny ways of men;
Free my heart, my spirit free;
Beckon, and I'll follow thee.

False and foolish mortal, know,
If you scorn the world's disdain,
Your mean soul is far below
Other worms, however vain.

Thing of Dust—with boundless pride,
Dare you take me for a guide?
With the humble I will be;
Haughty men are nought to me.

November, 1837

FORT JE RESTE, AYANT SOUFFERT

Fort je reste, ayant souffert
Haine, colère et dédain;
Fort je reste et ris de voir
Leurs assauts livrés en vain.

J'abjure, Esprit de maîtrise,
Les mesquines voies humaines!
J'ai le cœur et l'âme libres :
Fais-moi signe, et je te suis.

Sache-le, sot insincère
Qui méprises le dédain,
Ton âme passe en bassesse
Les plus vains d'entre les vers.

Dans ton fol orgueil, poussière,
M'oses-tu prendre pour guide?
Je veux être avec les humbles,
Les hautains ne me sont rien.

Novembre 1837

I'M HAPPIEST WHEN MOST AWAY

I'm happiest when most away
I can bear my soul from its home of clay
On a windy night when the moon is bright
And the eye can wander through worlds of light—

When I am not and none beside—
Nor earth nor sea nor cloudless sky—
But only spirit wandering wide
Through infinite immensity.

[February or March, 1838]

MON PLUS GRAND BONHEUR, C'EST QU'AU LOIN

Mon plus grand bonheur, c'est qu'au loin
Mon âme fuie sa demeure d'argile,
Par une nuit qu'il vente, que la lune est claire,
Que l'œil peut parcourir des mondes de lumière —

Que je ne suis plus, qu'il n'est rien —
Terre ni mer ni ciel sans nuages —
Hormis un esprit en voyage
Dans l'immensité infinie.

[Février ou mars 1838]

WHY DO I HATE
THAT LONE GREEN DELL?

A. G. A.

Why do I hate that lone green dell?
Buried in moors and mountains wild,
That is a spot I had loved too well
Had I but seen it when a child.

There are bones whitening there in summer's heat,
But it is not for that, and none can tell;
None but one can the secret repeat
Why I hate that lone green dell.

Noble foe, I pardon thee
All thy cold and scornful pride,
For thou wast a priceless friend to me
When my sad heart had none beside.

And, leaning on thy generous arm,
A breath of old times over me came;
The earth shone round with a long-lost charm;
Alas, I forgot I was not the same.

D'OU VIENT MA HAINE
POUR CE VERT VALLON SECRET?

A. G. A.

D'où vient ma haine pour ce vert vallon secret
Enfoui au creux des landes et des monts sauvages?
C'est un site que je n'aurais que trop aimé
Si seulement je l'avais vu dans mon jeune âge.

Des os blanchissent là dans l'ardeur de l'été,
Mais telle n'est pas la raison, nul ne peut dire,
Non, personne — un seul excepté — ne peut trahir
D'où vient ma haine pour ce vert vallon secret.

Noble ennemi, je te pardonne ta froideur
Tout de même que ton dédain et ta fierté,
Pour l'ami combien précieux que tu as été
Quand nul autre ne réjouissait mon pauvre cœur.

Appuyée à ton bras généreux, j'ai senti
Un souffle des jours anciens me visiter,
D'une magie perdue la terre a resplendi —
Mais hélas, c'était l'oublier : j'avais changé.

Before a day—an hour—passed by,
My spirit knew itself once more;
I saw the gilded vapours fly
And leave me as I was before.

May 9, 1838

Avant qu'un jour, qu'une heure se fût écoulée,
Mon âme une fois encore, s'est reconnue,
J'ai vu s'évanouir les nuages dorés
Pour me retrouver telle qu'avant leur venue.

9 mai 1838

FRAGMENTS

1. *'Twas one of those dark, cloudy days*
   That sometimes come in summer's blaze,
   When heaven drops not, when earth is still,
   And deeper green is on the hill.

2. *There are two trees in a lonely field;*
   They breathe a spell to me;
   A dreary thought their dark boughs yield
   All waving solemnly.

3. *What is that smoke that ever still*
   Comes rolling down that dark brown hill?

4. *Still as she looked the iron clouds*
   Would part, and sunshine shone between,
   But drearily strange and pale and cold.

5. *It will not shine again;*
   Its sad course is done;
   I have seen the last ray wane
   Of the cold, bright sun.

FRAGMENTS

1. C'était l'un de ces sombres jours ennuagés
   Qui traversent parfois la flambée de l'été,
   Où du ciel rien ne tombe, où la terre est tranquille
   Et d'un vert plus profond se revêt la colline.

2. Deux arbres dans un champ désert
   Me chuchotent un sortilège :
   Lugubre est le secret que leur sombre ramure
   Agite avec solennité.

3. Qu'est-ce que la fumée sans relâche qui roule
   Là-bas sur la pente fauve de la colline?

4. Comme elle regardait, les nuages de fer
   S'écartant, le soleil brilla dans l'intervalle,
   Mais étrange lugubrement, et pâle et froid.

5. Il ne jettera plus d'éclat,
   Sa triste course est achevée :
   J'ai vu, du froid soleil brillant,
   S'abîmer la lueur dernière.

6. *Old Hall of Elbë, ruined lonely now;*
    House to which the voice of life shall never more return;
    Chambers roofless, desolate, where weeds and ivy grow;
    Windows through whose broken arches the night-winds
    [sadly mourn;
    Home of the departed, the long-departed dead.

June, 1838

6. Ancien manoir d'Elbë, maintenant ruiné, solitaire,
    Maison où la voix de la vie jamais plus ne s'en reviendra,
    Salles sans couvert, désolées, où croissent la ronce et
                                                    [le lierre,
    Fenêtres aux cintres brisés où les vents de nuit mènent
                                                    [deuil,
    Demeure des défunts, des défunts d'un temps révolu.

                                Juin 1838

FOR HIM WHO STRUCK THY FOREIGN STRING

A. G. A.

For him who struck thy foreign string,
I ween this heart hath ceased to care;
Then why dost thou such feelings bring
To my sad spirit, old guitar?

It is as if the warm sunlight
In some deep glen should lingering stay,
When clouds of tempest and of night
Had wrapt the parent orb away.

It is as if the glassy brook
Should image still its willows fair,
Though years ago the woodman's stroke
Laid low in dust their gleaming hair.

Even so, guitar, thy magic tone
Has moved the tear and waked the sigh,
Has bid the ancient torrent flow
Although its very source is dry!

August 3o, 1938

DE QUI PINÇAIT TES CORDES ÉTRANGÈRES

A. G. A.

De qui pinçait tes cordes étrangères,
Ce cœur, autant qu'il semble, n'a plus cure :
D'où vient dès lors l'émoi que tu réveilles
En mon esprit chagrin, vieille guitare?

C'est comme si le chaleureux soleil
S'attardait encore au fin fond du val
Après que des nues d'orage et de nuit
En auraient offusqué le globe père.

C'est comme si le miroir du ruisseau
Toujours retenait l'image des saules
Encor que la hache eût de longue date
Couché leurs cheveux d'argent dans la poudre.

Pareillement, guitare, ta magie
A fait jaillir les pleurs, éveillé le soupir,
Enjoint à l'ancien torrent de couler
Quand la source même en était tarie!

30 août 1838

59

IN DUNGEONS DARK I CANNOT SING

ARTHUR EXIMA TO MARCIUS

In dungeons dark I cannot sing,
In sorrow's thrall 'tis hard to smile:
What bird can soar with broken wing?
What heart can bleed and joy the while?

[Autumn 1838]

DANS LA NUIT DES DONJONS
JE NE PUIS PAS CHANTER

ARTHUR EXIMA À MARCIUS

Dans la nuit des donjons je ne puis pas chanter;
Dans l'étau de la peine il est dur de sourire :
Quel oiseau prendrait son essor l'aile brisée?
Quel cœur ensanglanté pourrait se réjouir?

[Automne 1838]

FALL, LEAVES, FALL;
DIE, FLOWERS, AWAY

Fall, leaves, fall; die, flowers, away;
Lengthen night and shorten day;
Every leaf speaks bliss to me,
Fluttering from the autumn tree.
I shall smile when wreaths of snow
Blossom where the rose should grow;
I shall sing when night's decay
Ushers in a drearier day.

[Autumn, 1838]

TOMBEZ, FEUILLES, TOMBEZ;
ET VOUS, FLEURS, PÉRISSEZ

Tombez, feuilles, tombez; et vous, fleurs, périssez!
Que s'allonge la nuit, que s'abrège le jour!
Toute feuille me parle de félicité
Qui tournoie, détachée de la branche d'automne.
Je sourirai lorsque la neige et ses guirlandes
Fleuriront où devrait encor croître la rose;
Je chanterai quand la nuit déclinante
Sera l'huissier d'un jour plus désolé.

[Automne 1838]

THE STARRY NIGHT SHALL TIDINGS BRING

The starry night shall tidings bring:
Go out upon the breezy moor,
Watch for a bird with sable wing,
And beak and talons dropping gore.

Look not around, look not beneath,
But mutely trace its airy way;
Mark where it lights upon the heath,
Then wanderer kneel down and pray.

What fortune may await thee there
I will not and I dare not tell,
But Heaven is moved by fervent prayer
And God is mercy—fare thee well!

November, 1838

LA NUIT EST GROSSE DE NOUVELLES

La nuit est grosse de nouvelles :
Sors sur la lande et guette au vent
Un oiseau à l'aile funèbre,
Bec et serres rouges de sang.

Ne regarde ni çà ni là,
Mais suis son chemin par les airs
Et, s'il s'abat dans la bruyère,
Voyageur, agenouille-toi.

Quel sort, là-bas, t'attend peut-être,
Je ne veux, je n'ose le dire,
Mais le Ciel entend mes prières
Et Dieu est merci : qu'il te garde !

Novembre 1838

A LITTLE WHILE, A LITTLE WHILE

A little while, a little while,
The noisy crowd are barred away;
And I can sing and I can smile
A little while I've holiday!

Where wilt thou go, my harassed heart?
Full many a land invites thee now;
And places near and far apart
Have rest for thee, my weary brow.

There is a spot 'mid barren hills
Where winter howls and driving rain,
But if the dreary tempest chills
There is a light that warms again.

The house is old, the trees are bare
And moonless bends the misty dome,
But what on earth is half so dear,
So longed for as the hearth of home?

The mute birds sitting on the stone,
The dank moss dripping from the wall,
The garden-walk with weeds o'ergrown,
I love them—how I love them all!

POUR UN TEMPS, POUR UN PETIT TEMPS

Pour un temps, pour un petit temps,
De la foule et du bruit gardée,
Je puis chanter, je puis sourire :
Pour un petit temps j'ai congé !

Où iras-tu, cœur harassé?
Oh! plus d'une terre t'invite,
Là-bas comme ici, plus d'un gîte
Te promet repos, front lassé.

Je sais, parmi d'âpres collines,
Un vallon où hurle l'hiver,
Mais où, dans la froidure, brille
Une réchauffante lumière.

Ce n'est, sous un brouillard sans lune,
Qu'un vieux toit flanqué d'arbres nus,
Mais qu'est-il de plus cher au monde
Que le foyer qu'on a perdu?

L'oiseau muet perché sur la pierre,
Le mur que la mousse verdit,
L'allée où foisonne l'ortie,
Combien, ô combien je les aime!

Shall I go there? or shall I seek
Another clime, another sky,
Where tongues familiar music speak
In accents dear to memory?

Yet, as I mused, the naked room,
The flickering firelight died away
And from the midst of cheerless gloom
I passed to bright, unclouded day—

A little and a lone green lane
That opened on a common wide;
A distant, dreamy, dim blue chain
Of mountains circling every side;

A heaven so clear, an earth so calm,
So sweet, so soft, so hushed an air
And, deepening still the dream-like charm,
Wild moor-sheep feeding everywhere—

That was the scene; I knew it well,
I knew the pathways far and near
That winding o'er each billowy swell
Marked out the tracks of wandering deer.

Could I have lingered but an hour
It well had paid a week of toil,
But truth has banished fancy's power;
I hear my dungeon bars recoil—

Even as I stood with raptured eye
Absorbed in bliss so deep and dear
My hour of rest had fleeted by
And given me back to weary care.

December 4, 1838

Les rejoindrai-je? Ou chercherai-je
Un climat autre, un autre ciel
Pour la musique familière
D'un parler cher au souvenir?

Comme je rêvais, s'évanouirent
Le feu vacillant, les murs nus :
Après la pénombre lugubre,
Un jour radieux m'apparut.

Verdoyant, un sentier désert
Débouchait sur un vaste herbage
Que des monts vaporeux, bleuâtres,
Cernaient là-bas de toutes parts;

Un ciel si limpide, une terre
Si calme, tant de paix dans l'air,
Des moutons sauvages paissant
Pour parfaire l'enchantement —

La scène m'était bien connue,
Et connues toutes, même au loin,
Les pistes qui, sur chaque butte,
Marquaient le passage des daims.

N'y fussé-je restée qu'une heure,
Elle eût valu des jours de peine,
Mais le réel chasse le rêve :
Voici qu'on tire mes verrous.

Tandis que j'étais abîmée
Dans cette extase lumineuse,
Mon heure de paix avait fui
Pour me rendre au poignant souci.

4 décembre 1838

MAY FLOWERS ARE OPENING

May flowers are opening
And leaves opening free;
There are bees in every blossom
And birds on every tree.

The sun is gladly shining,
The stream sings merrily,
And I only am pining
And all is dark to me.

O cold, cold is my heart!
It will not, cannot rise;
It feels no sympathy
With those refulgent skies.

Dead, dead is my joy,
I long to be at rest;
I wish the damp earth covered
This desolate breast.

If I were quite alone,
It might not be so drear,
When all hope was gone,
At least I could not fear.

VOICI S'OUVRIR LES FLEURS DE MAI

Voici s'ouvrir les fleurs de mai,
S'éployer librement les feuilles;
Dans chaque corolle une abeille
Et sur chaque branche un oiseau.

Le ruisseau chante avec bonheur,
Le soleil rayonne avec joie,
Je suis la seule à me languir
Et tout est ténèbre pour moi.

O de glace est mon cœur, de glace!
Il ne veut, ne peut s'exalter;
Il est sans sympathie aucune
Pour ce ciel baigné de clarté.

O défunte est ma joie, défunte!
Il me tarde d'être en repos
Et que la terre humide couvre
Cette poitrine désolée.

Fussé-je entièrement seule,
Peut-être serait-ce moins sombre :
Une fois tout espoir perdu,
Je n'aurais plus sujet de craindre.

But the glad eyes around me
Must weep as mine have done,
And I must see the same gloom
Eclipse their morning sun.

If heaven would rain on me
That future storm of care,
So their fond hearts were free
I'd be content to bear.

Alas! as lightning withers
The young and agèd tree,
Both they and I shall fall beneath
The fate we cannot flee.

May 25, 1839

Mais les yeux ravis qui m'entourent
Devront pleurer comme les miens,
Je devrai voir le même orage
Éclipser leur radieux matin.

Si le ciel déversait sur moi
Cette pluie de futurs malheurs
En épargnant leurs tendres âmes,
Je la souffrirais de bon cœur.

Hélas, comme l'éclair dessèche
Tant le vieil arbre que le jeune,
Eux et moi nous devrons subir
Un inéluctable destin.

25 mai 1839

MONTH AFTER MONTH, YEAR AFTER YEAR

Month after month, year after year,
My harp has poured a dreary strain;
At length a livelier note shall cheer,
And pleasure tune its chords again.

What though the stars and fair moonlight
Are quenched in morning dull and grey?
They are but tokens of the night,
And this, my soul, is day.

June 18, 1839

MOIS APRÈS MOIS, ANNÉE APRÈS ANNÉE

Mois après mois, année après année,
Ma lyre a fait entendre une note plaintive;
Voici qu'enfin un son plus animé
Va l'accorder, joyeuse, au timbre du plaisir.

Qu'importe que le clair de lune et les étoiles
S'éteignent dans le gris maussade du matin?
Ce ne sont là que signes de la nuit,
Et *ceci*, mon âme, est le jour.

18 juin 1839

AND NOW THE HOUSE-DOG
STRETCHED ONCE MORE

And now the house-dog stretched once more
His limbs upon the glowing floor;
The children half resumed their play,
Though from the warm hearth scared away.
The goodwife left her spinning-wheel,
And spread with smiles the evening meal;
The shepherd placed a seat and pressed
To their poor fare his unknown guest.
And he unclasped his mantle now,
And raised the covering from his brow;
Said, "Voyagers by land and sea
Were seldom feasted daintily";
And checked his host by adding stern
He'd no refinement to unlearn.
A silence settled on the room;
The cheerful welcome sank to gloom;
But not those words, though cold and high,
So froze their hospitable joy.
No — there was something in his face,
Some nameless thing they could not trace,
And something in his voice's tone
Which turned their blood as chill as stone.
The ringlets of his long black hair
Fell o'er a cheek most ghastly fair.

ALORS LE CHIEN DE LA MAISON
RÉÉTENDIT

Alors le chien de la maison réétendit
Sur le plancher luisant de propreté ses membres;
Et les enfants reprirent à demi leur jeu
Bien que chassés d'auprès de l'âtre par la crainte.
La ménagère quitta son rouet pour mettre,
Souriante, le repas du soir sur la table;
Le berger, avançant un siège, pressa
L'hôte inconnu de partager leur pauvre chère.
Sur quoi, lui, dégrafant son manteau, puis ôtant
La coiffure qui couvrait son front, répondit :
« Les voyageurs qui vont courant terres et mers
Reçoivent rarement un délicat festin »
Et rebuta son hôte en ajoutant, sévère,
Qu'il n'avait nul raffinement à désapprendre.
Un silence se fit dans la chambre. L'accueil
Enjoué se mua en tristesse morose.
Mais ce ne furent point ces paroles, si froides
Et hautaines, qui gelèrent leur bienvenue :
Il y avait dans son visage quelque chose
— Qu'était-ce? Ils ne savaient comment le définir —
Et quelque chose aussi dans le ton de sa voix
Qui faisait leur sang se glacer comme la pierre.
Les longues boucles de ses cheveux noirs tombaient
Sur une joue d'une beauté cadavérique.

Youthful he seemed — but worn as they
Who spend too soon their youthful day.
When his glance drooped, 'twas hard to quell
Unbidden feelings' sudden swell;
And pity scarce her tears could hide,
So sweet that brow, with all his pride;
But when upraised his eye would dart
An icy shudder through the heart.
Compassion changed to horror then
And fear to meet that gaze again.
It was not hatred's tiger-glare,
Nor the wild anguish of despair;
It was not useless misery
Which mocks at friendship's sympathy.
No — lightning all unearthly shone
Deep in that dark eye's circling zone,
Such withering lightning as we deem
None but a spectre's look may beam;
And glad they were when he turned away
And wrapt him in his mantle grey,
Leant down his head upon his arm
And veiled from view their basilisk charm.

July 12, 1839

Il semblait jeune — usé toutefois comme ceux
Qui dépensent leur temps de jeunesse avant l'heure.
Quand il abaissait son regard, on avait peine
A réprimer le flot d'une émotion soudaine,
Et la pitié cachait malaisément ses larmes,
Si tendre était ce front avec tout son orgueil;
Mais, levait-il les yeux, aussitôt sa prunelle
Vous transperçait le cœur d'un frisson glacial.
Alors la compassion se changeait en horreur,
En effroi de croiser encore ce regard.
Ce n'était point la férocité de la haine,
Ni l'angoisse frénétique du désespoir,
Ni la détresse en pure perte qui dédaigne
La sympathie que lui montrerait l'amitié,
Non — dans les profondeurs de cette orbite sombre
Flamboyait un éclair rien moins que de ce monde,
Un éclair si dévastateur qu'on aurait cru
Que nul ne le pouvait lancer qu'un œil de spectre.
Aussi fut-ce d'un cœur soulagé qu'ils le virent
Se détourner, s'enrouler dans sa mante grise
Et, appuyant sa tête sur son bras, cacher
A leur vue son sortilège de basilic.

                                        12 juillet 1839

MILD THE MIST UPON THE HILL

Mild the mist upon the hill
Telling not of storms to-morrow;
No; the day has wept its fill,
Spent its store of silent sorrow.

Oh, I'm gone back to the days of youth,
I am a child once more;
And 'neath my father's sheltering roof,
And near the old hall door,

I watch this cloudy evening fall,
After a day of rain:
Blue mists, sweet mists of summer pall
The horizon's mountain-chain.

The damp stands in the long, green grass
As thick as morning's tears;
And dreamy scents of fragrance pass
That breathe of other years.

July 27, 1839

BROUILLARD LÉGER SUR LA COLLINE

Brouillard léger sur la colline
Et qui ne parle pas d'orages pour demain :
Le jour a pleuré tout son saoul,
Épuisé sa réserve de muet chagrin.

Oh! je suis revenue aux jours de ma jeunesse,
Me voici enfant à nouveau,
Et de sous le toit paternel où je m'abrite,
De la porte du vieux château,

Je regarde le soir lourd de nuées descendre
Après une journée de pluie :
Des brumes bleues d'été, de tendres brumes tendent
Les montagnes de l'horizon.

Une moiteur imprègne la longue herbe verte,
Telles les larmes du matin,
Et des bouffées de senteur passent comme en rêve,
Respirant les jours anciens.

27 juillet 1839

SONG

O between distress and pleasure
Fond affection cannot be;
Wretched hearts in vain would treasure
Friendship's joys when other flee.

Well I know thine eye would never
Smile, while mine grieved, willingly;
Yet I know thine eye for ever
Could not weep in sympathy.

Let us part, the time is over
When I thought and felt like thee;
I will be an Ocean rover,
I will sail the desert sea.

Isles there are beyond its billow;
Lands where woe may wander free;
And, beloved, thy midnight pillow
Will be soft unwatched by me.

Not on each returning morrow
When thy heart bounds ardently
Need'st thou then dissemble sorrow,
Marking my despondency.

CHANSON

Entre joie et poignant ennui
Oh! ne se peut nulle tendresse :
C'est en vain qu'un cœur en détresse
Retient l'amitié qui s'enfuit.

Jamais tes yeux ne souriraient
A voir les miens mouillés de larmes,
Mais je sais bien qu'ils ne sauraient
Toujours partager mes alarmes.

Adieu. C'en est fini du temps
Que nous pensions, sentions de même.
Je veux rôder par l'océan,
Je veux courir les mers désertes.

Aux îles, aux lointains rivages
Le malheur est libre d'errer;
Ton oreiller sera suave,
Mon très cher, sans moi pour veiller.

Tu n'auras plus, chaque matin,
Quand ton cœur bondit d'allégresse,
A simuler un air chagrin
Pour t'accorder à ma tristesse.

Day by day some dreary token
Will forsake thy memory
Till at last all old links broken
I shall be a dream to thee.

October 15, 1839

Jour par jour, quelque triste gage
Désertera ton souvenir,
Et, tous liens brisés, pour finir,
Que serai-je à tes yeux qu'un songe?

15 octobre 1839

THERE SHOULD BE NO DESPAIR
FOR YOU

There should be no despair for you
While nightly stars are burning,
While evening sheds its silent dew,
Or sunshine gilds the morning.

There should be no despair, though tears
May flow down like a river:
Are not the best beloved of years
Around your heart forever?

They weep — you weep — it must be so;
Winds sigh as you are sighing;
And Winter pours its grief in snow
Where Autumn's leaves are lying.

Yet they revive, and from their fate
Your fate cannot be parted,
Then journey onward, not elate,
But never broken-hearted.

[November, 1839]

IL DEVRAIT N'ÊTRE
POINT DE DÉSESPOIR POUR TOI

Il devrait n'être point de désespoir pour toi
Tant que brûlent la nuit les étoiles,
Tant que le soir répand sa rosée silencieuse,
Que le soleil dore le matin.

Il devrait n'être point de désespoir, même si les larmes
Ruissellent comme une rivière :
Les plus chères de tes années sont-elles pas
Autour de ton cœur à jamais?

Ceux-ci pleurent, tu pleures, il doit en être ainsi;
Les vents soupirent comme tu soupires,
Et l'Hiver en flocons déverse son chagrin
Là où gisent les feuilles d'automne.

Pourtant elles revivent, et de leur sort ton sort
Ne saurait être séparé :
Poursuis donc ton voyage, sinon ravi de joie,
Du moins *jamais* le cœur brisé.

[Novembre 1839]

LOVE AND FRIENDSHIP

Love is like the wild rose-briar,
Friendship like the holly-tree —
The holly is dark when the rose-briar blooms
But which will bloom most constantly?

The wild rose-briar is sweet in spring,
Its summer blossoms scents the air;
Yet wait till winter comes again
And who will call the briar fair?

Then scorn the silly rose-wreath now
And deck thee with the holly's sheen,
That when December blights thy brow
He still may leave thy garland green.

[Autumn, 1839]

L'AMOUR ET L'AMITIÉ

L'amour à la sauvage églantine est pareil
Et l'amitié pareille au houx.
Si le houx reste obscur quand fleurit l'aubépine,
Lequel fleurit plus constamment?

La sauvage églantine est suave au printemps;
L'été, ses fleurs embaument l'air.
Attendez toutefois que revienne l'hiver,
Qui dira l'églantine belle?

Dédaigne l'églantine et sa vaine couronne,
Fais du houx luisant ta parure
Afin, lorsque Décembre aura flétri ton front,
Qu'il y respecte sa verdure.

[Automne 1839]

WELL, SOME MAY HATE,
AND SOME MAY SCORN

"Well, some may hate, and some may scorn,
And some may quite forget thy name,
But my sad heart must ever mourn
Thy ruined hopes, thy blighted fame."

'Twas thus I thought, an hour ago,
Even weeping o'er that wretch's woe.
One word turned back my gushing tears,
And lit my altered eye with sneers.

"Then bless the friendly dust," I said,
"That hides thy unlamented head.
Vain as thou wert, and weak as vain,
The slave of falsehood, pride and pain,
My heart has nought akin to thine—
Thy soul is powerless over mine."

But these were thoughts that vanished too—
Unwise, unholy, and untrue—
Do I despise the timid deer
Because his limbs are fleet with fear?

Or would I mock the wolf's death-howl
Because his form is gaunt and foul?

CERTAINS PEUVENT HAÏR,
D'AUTRES AVOIR DÉDAIN

« Certains peuvent haïr, d'autres avoir dédain,
Et d'autres oublier jusqu'à ton souvenir,
Mais mon triste cœur, lui, doit toujours lamenter
Tes espoirs ruinés, ta renommée flétrie. »

Ainsi pensais-je, tout au moins, voici une heure,
Émue par le destin cruel du misérable.
Un mot a refoulé mes larmes jaillissantes,
Allumé dans mes yeux changés la moquerie.

« Bénie soit la poussière amicale » ai-je dit,
Qui couvre ta tête impleurée.
Vain comme tu l'étais, et faible autant que vain,
Jouet de la douleur, de l'orgueil, du mensonge,
Il n'est rien dans mon cœur qui s'apparente au tien,
Rien dans ton âme qui ait barre sur la mienne. »

Mais, à leur tour, ces pensées-là s'évanouirent,
Injustes, fausses et impies qu'elles étaient.
Méprisé-je le daim timide dont les membres
Se précipitent dans la fuite de terreur,

Ou rirai-je du loup quand il hurle à la mort
Parce que sa forme efflanquée est repoussante,

Or hear with joy the leveret's cry
Because it cannot bravely die?

No! Then above his memory
Let pity's heart as tender be:
Say, "Earth lie lightly on that breast,
And, kind Heaven, grant that spirit rest!"

November 14, 1839

Ou m'irai-je réjouir du cri du lapereau
Sous prétexte qu'il ne sait pas mourir en brave?

Non! Alors, que sur sa mémoire
Le cœur de la Pitié mêmement s'attendrisse,
Disant : « La Terre soit légère à sa poitrine
Et qu'il repose en paix par la grâce du Ciel! »

14 novembre 1839

I'LL NOT WEEP THAT THOU
ART GOING TO LEAVE ME

I'll not weep that thou art going to leave me,
There's nothing lovely here;
And doubly will the dark world grieve me
While thy heart suffers there.

I'll not weep, because the summers' glory
Must always end in gloom;
And, follow out the happiest story—
It closes with the tomb!

And I am weary of the anguish
Increasing winters bear;
I'm sick to see the spirit languish
Through years of dead despair.

So, if a tear, when thou art dying,
Should haply fall from me,
It is but that my soul is sighing
To go and rest with thee.

May 4, 1840

JE NE PLEURERAI PAS
DE TE VOIR ME QUITTER

Je ne pleurerai pas de te voir me quitter
Il n'est rien d'aimable ici-bas,
Et doublement m'affligera ce sombre monde
Tant que ton cœur y pâtira.

Je ne pleurerai pas : la splendeur de l'été
Nécessairement s'enténèbre ;
L'histoire la plus heureuse, quand on la suit,
Se termine avec le tombeau !

Et je suis excédée de l'angoisse qu'apporte
Le long cortège des hivers,
Outrée de voir l'esprit languir au long des ans
Dans le plus morne désespoir.

Si donc un pleur m'échappe à l'heure de ta mort,
Sache-le, il ne marquera
Qu'un soupir de mon âme impatiente de fuir
Et d'être en repos avec toi.

4 mai 1840

IF GRIEF FOR GRIEF CAN TOUCH THEE

If grief for grief can touch thee,
If answering woe for woe,
If any ruth can melt thee,
Come to me now!

I cannot be more lonely,
More drear I cannot be!
My worn heart throbs so wildly
'Twill break for thee.

And when the world despises,
When heaven repels my prayer,
Will not my angel comfort?
Mine idol hear?

Yes, by the tears I've poured thee,
By all my hours of pain,
O I shall surely win thee,
Beloved, again!

May 18, 1840

SI LA PEINE PEUT TE PEINER

Si la peine peut te peiner,
Le deuil en écho t'endeuiller,
T'attendrir aucune pitié,
Viens-t'en sur l'heure!

Je ne saurais être plus seule
Ni broyer plus noires pensées :
Tant bat pour toi mon cœur usé
Qu'il va se rompre.

Quand je suis méprisée du monde
Et, priant, du ciel rebutée,
Mon ange va-t-il pas m'entendre,
Me consoler?

Si! Tant d'heures à me languir
Avec tant de larmes versées
Vont pour sûr te reconquérir,
Mon bien-aimé!

18 mai 1840

THERE LET THY BLEEDING BRANCH ATONE

There let thy bleeding branch atone
For every torturing tear:
Shall my young sins, my sins alone,
Be everlasting here?

Who bade thee keep that cursed name
A pledge for memory?
As if Oblivion ever came
To breathe its bliss on me;

As if, through all the 'wildering maze
Of mad hours left behind,
I once forgot the early days
That thou wouldst call to mind.

[December, 1840]

QUE TON RAMEAU SANGLANT OPÈRE LE RACHAT

Que ton rameau sanglant opère le rachat
De toute larme torturante :
Mes péchés, mes jeunes péchés seront-ils seuls
A s'éterniser ici-bas?

Qui t'enjoignit de conserver ce nom maudit
En guise de mémorial?
Comme si de l'Oubli la bienheureuse haleine
Soufflait jamais jusques à moi;

Comme si, à travers le confondant dédale
Des folles heures révolues,
J'eusse un instant perdu mémoire des anciens jours
Que tu prétends me rappeler.

[Décembre 1840]

AND LIKE MYSELF LONE, WHOLLY LONE

And like myself lone, wholly lone,
It sees the day's long sunshine glow;
And like myself it makes its moan
In unexhausted woe.

Give we the hills our equal prayer:
Earth's breezy hills and heaven's blue sea;
We ask for nothing further here
But our own hearts and liberty.

Ah! could my hand unlock its chain,
How gladly would I watch it soar,
And ne'er regret and ne'er complain
To see its shining eye no more.

But let me think that if to-day
It pines in cold captivity,
To-morrow both shall soar away,
Eternally, entirely Free.

Feb. 27, 1841

COMME MOI-MÊME SEUL, TOUT SEUL

Comme moi-même seul, tout seul,
Il voit le clair soleil briller au long du jour;
Et comme moi-même il gémit
Dans sa détresse inépuisée.

Nos prières pareilles s'adressent aux collines,
Aux venteuses collines de la terre ainsi qu'à la mer bleue
Que demandons-nous ici-bas?   [du ciel;
Nos propres cœurs et d'êtres libres.

Que seulement ma main pût dénouer sa chaîne,
Comme avec joie je suivrais son essor,
Sans jamais regretter ni sans jamais me plaindre
De ne plus voir son œil brillant.

Mais s'il languit en ce jourd'hui,
S'il grelotte en captivité,
Demain, lui comme moi, nous prendrons notre vol,
Libres de tout notre être et pour l'éternité.

27 février 1841

RICHES I HOLD IN LIGHT ESTEEM

Riches I hold in light esteem
And love I laugh to scorn
And lust of Fame was but a dream
That vanished with the morn—

And if I pray, the only prayer
That moves my lips for me
Is—"Leave the heart that now I bear
And give me liberty."

Yes, as my swift days near their goal
'Tis all that I implore—
Through life and death, a chainless soul
With courage to endure!

March 1, 1841

JE FAIS PEU DE CAS DES RICHESSES

Je fais peu de cas des richesses
Et je tiens l'amour en mépris;
La gloire désirée? Un songe
Évanoui avec le matin —

Si je prie, la seule prière
Qui remue mes lèvres pour moi,
C'est : « Laisse le cœur que je porte
Et me donne la liberté. »

Comme s'enfuient mes jours rapides,
Oui, c'est là tout ce que j'implore :
Vive ou morte, une âme sans chaînes
Et le courage d'endurer.

1er mars 1841

SHALL EARTH NO MORE INSPIRE THEE

Shall Earth no more inspire thee,
Thou lonely dreamer now?
Since passion may not fire thee
Shall Nature cease to bow?

Thy mind is ever moving
In regions dark to thee;
Recall its useless roving—
Come back and dwell with me.

I know my mountain-breezes
Enchant and soothe thee still—
I know my sunshine pleases
Despite thy wayward will.

When day with evening blending
Sinks from the summer sky,
I've seen thy spirit bending
In fond idolatry.

I've watched thee every hour;
I know my mighty sway,
I know my magic power
To drive thy griefs away.

LA TERRE, RÊVEUR SOLITAIRE

La Terre, rêveur solitaire,
Ne va-t-elle plus t'inspirer,
Ni plus t'inviter la Nature
Si nul feu ne peut t'embraser?

Sans cesse ton esprit parcourt
Des régions obscures pour toi;
Renonce à ces randonnées vaines :
Reviens demeurer avec moi.

Je sais que mes brises des monts
Toujours t'enchantent, puis t'apaisent;
Je sais que mon soleil t'est cher
Malgré ton ondoyant vouloir.

Quand le jour se fond dans le soir
Et déserte le ciel d'été,
J'ai vu ton esprit prosterné
Dans une idolâtre ferveur.

Pour t'avoir guetté à toute heure,
Je sais mon souverain empire,
Je sais mon magique pouvoir
De bannir au loin tes ennuis.

Few hearts to mortals given
On earth so wildly pine;
Yet none would ask a Heaven
More like this Earth than thine.

Then let my winds caress thee;
Thy comrade let me be—
Since nought beside can bless thee,
Return and dwell with me.

May 16, 1841

S'il est peu de cœurs ici-bas
Que dévore autant la langueur,
Nul plus que toi ne brigue un Ciel
A l'image de cette terre.

Laisse mes vents te caresser;
Laisse que je sois ta compagne;
Toi que ne satisfait rien d'autre,
Reviens demeurer avec moi.

16 mai 1841

I SEE AROUND ME TOMBSTONES GREY

I see around me tombstones grey
Stretching their shadows far away.
Beneath the turf my footsteps tread
Lie low and lone the silent dead;
Beneath the turf, beneath the mould—
Forever dark, forever cold,
And my eyes cannot hold the tears
That memory hoards from vanished years;
For Time and Death and Mortal pain
Give wounds that will not heal again.
Let me remember half the woe
I've seen and heard and felt below,
And Heaven itself, so pure and blest,
Could never give my spirit rest.
Sweet land of light! thy children fair
Know nought akin to our despair;
Nor have they felt, nor can they tell
What tenants haunt each mortal cell,
What gloomy guests we hold within—
Torments and madness, tears and sin!
Well, may they live in ecstasy
Their long eternity of joy;
At least we should not bring them down
With us to weep, with us to groan.

AUTOUR DE MOI DES TOMBES GRISES

Autour de moi des tombes grises
Étendent leurs ombres au loin.
Là, sous le gazon que je foule,
Silencieux, seuls, gisent les morts —
Là, sous le gazon, sous la glaise,
Voués au froid, voués au noir.
Malgré moi m'échappent des larmes
Thésaurisées par la mémoire
Aux dépens des années enfuies.
Ah! Temps, Mort et Tourment mortel,
Si vous blessez, c'est pour toujours.
Qu'il me souvienne seulement
D'une moitié de la souffrance
Que j'ai vue, apprise, soufferte,
Et le Ciel même ne saurait,
Si pur et bienheureux soit-il,
Donner quiétude à mon âme.
Aimable séjour de lumière,
Tes radieux enfants ignorent
Tout ce qu'est notre désespoir;
Ils n'ont éprouvé, ni ne savent
Quels sombres hôtes nous logeons
Dans nos habitacles mortels :
Péchés et pleurs, démence et affres!

No—Earth would with no other sphere
To taste her cup of sufferings drear;
She turns from Heaven a careless eye
And only mourns that we must die!
Ah! mother, what shall comfort thee
In all this boundless misery?
To cheer our eager eyes a while
We see thee smile; how fondly smile!
But who reads not through that tender glow
Thy deep, unutterable woe?
Indeed no dazzling land above
Can cheat thee of thy children's love.
We all, in life's departing shine,
Our last dear longings blend with thine;
And struggle still and strive to trace
With clouded gaze, thy darling face.
We would not leave our native home
For any world beyond the Tomb.
No—rather on thy kindly breast
Let us be laid in lasting rest
Or waken but to share with thee
A mutual immortality.

July 17, 1841

Fort bien : qu'ils passent dans l'extase
Leur longue éternité de joie :
Nous ne voudrions point qu'ils vinssent
Gémir avec nous ici-bas;
Ni la Terre qu'une autre sphère
Goûte à sa coupe de douleur,
Elle qui détourne du Ciel
Son regard et ne mène deuil
Que pour nous, qui devrons mourir!
Ah! comment te consoler, mère,
De tant d'incessante misère?
Pour charmer un temps nos regards,
Tu souris, combien tendrement,
Mais qui ne devine, à travers
Ton chaleureux rayonnement,
Ta profonde, indicible peine?
Il n'est paradis qui te puisse
Voler l'amour de tes enfants.
Tous, à l'instant où notre vie
Va jeter sa dernière lueur,
Notre suprême nostalgie
Toujours s'efforce et toujours cherche
D'un œil voilé ton cher visage.
Laisserions-nous notre patrie
Pour *aucun* monde d'outre-tombe?
Plutôt sur ton sein tutélaire
Reposer pour un long sommeil
Et n'en être enfin réveillés
Que pour partager avec toi
Une immortalité pareille.

17 juillet 1841

THE EVENING PASSES FAST AWAY

The evening passes fast away,
'Tis almost time to rest;
What thoughts has left the vanished day?
What feelings in thy breast?

"The vanished day? It leaves a sense
Of labour hardly done;
Of little gained with vast expense—
A sense of grief alone!

"Time stands before the door of Death,
Upbraiding bitterly;
And Conscience, with exhaustless breath,
Pours black reproach on me:

"And though I think that Conscience lies,
And Time should Fate condemn;
Still, weak Repentance clouds my eyes,
And makes me yield to them!"

Then art thou glad to seek repose?
Art glad to leave the sea,
And anchor all thy weary woes
In calm Eternity?

LE SOIR PASSE D'UN TRAIN RAPIDE

Le soir passe d'un train rapide,
C'est presque l'heure du repos :
Quelles pensées te laisse le jour évanoui?
Quelles impressions en ton sein?

« Le jour évanoui? Hélas, un sentiment
De travail à peine accompli,
De faible gain acquis à frais immenses —
Un sentiment de chagrin seulement.

« Le Temps est là, devant la porte de la Mort,
Qui me rabroue avec rudesse,
Au moment même où la Conscience, intarissable,
M'accable de sanglants reproches.

« Je crois que la Conscience ment et que le Temps
Devrait condamner le Destin,
Mais le timide Repentir m'embue les yeux,
Et je me rends à eux! »

Ton bonheur serait donc de trouver le repos,
D'échapper à la mer houleuse,
Et, tes cruelles peines, de les ancrer toutes
Dans la paisible Éternité?

Nothing regrets to see thee go—
Not one voice sobs, "Farewell";
And where thy heart has suffered so,
Canst thou desire to dwell?

"Alas! the countless links are strong
That bind us to our clay;
The loving spirit lingers long,
And would not pass away—

"And rest is sweet, when laurelled fame
Will crown the soldier's crest;
But a brave heart with a tarnished name
Would rather fight than rest."

Well, thou hast fought for many a year,
Hast fought thy whole life through,
Hast humbled Falsehood, trampled Fear;
What is there left to do?

"'Tis true, this arm has hotly striven,
Has dared what few would dare;
Much have I done, and freely given,
Yet little learn to bear!"

Look on the grave where thou must sleep,
Thy last and strongest foe;
'Twill be endurance not to weep
If that repose be woe.

The long fight closing in defeat—
Defeat serenely borne—
Thine eventide may still be sweet,
Thy night a glorious morn.

October 23, 1842 - February 6, 1843

Personne n'a regret de te voir t'en aller,
Nulle voix ne sanglote « Adieu! »
Où tant souffrit ton cœur, comment peux-tu toujours
Avoir le désir de rester?

« Ah! sache que les liens sont sans nombre et puissants
Qui nous unissent à l'argile :
L'âme éprise d'amour s'attarde longuement,
Ne peut se résoudre à partir.

« Puis, le repos est doux quand la gloire laurée
Couronne le cimier martial,
Mais un brave, une fois ternie sa renommée,
Préfère au repos le combat. »

Allons, tu t'es battu maintes années durant,
Tu t'es battu toute ta vie,
Terrassant la Traîtrise et piétinant la Crainte;
Laisses-tu rien d'inaccompli?

« Il est vrai que ce bras a lutté chaudement,
Osé ce que peu oseraient,
Fait de bonne besogne et donné largement,
Mais, pour autant, sais-je endurer? »

Regarde ton plus fort, ton suprême ennemi,
La tombe où tu devras dormir :
Ce sera endurer, va, que ne pleurer point
Si ce repos est un malheur.

Après un long combat, connaître la défaite —
La supporter d'un cœur serein —
Oui, ton soir peut encore avoir de la douceur,
Ta nuit être un radieux matin.

23 octobre 1842. - 6 février 1843

HOW CLEAR SHE SHINES! HOW QUIETLY

How clear she shines! How quietly
I lie beneath her silver light
While Heaven and Earth are whispering me,
"To-morrow wake—but dream to-night."

Yes, Fancy, come, my Fairy Love!
These throbbing temples, softly kiss;
And bend my lonely couch above
And bring me rest and bring me bliss.

The world is going—Dark world, adieu!
Grim world, go hide thee till the day;
The heart thou canst not all subdue
Must still resist if thou delay!

Thy love I will not, will not share;
Thy hatred only wakes a smile;
Thy griefs may wound—thy wrongs may tear,
But, oh, thy lies shall ne'er beguile!

While gazing on the stars that glow
Above me in that stormless sea,
I long to hope that all the woe
Creation knows, is held in thee!

COMME ELLE BRILLE CLAIR!

Comme elle brille clair! Avec quelle quiétude
Je repose, baignée de sa lueur d'argent,
Tandis que le Ciel et la Terre me chuchotent :
« Réveille-toi demain, mais pour cette nuit rêve. »

Viens-t'en, Imagination, ma fée chérie!
A ces tempes qui battent, donne un doux baiser,
Et puis te penche sur ma couche solitaire
Pourvoyeuse de paix et de félicité.

Le monde se retire... Sombre monde, adieu!
Lugubre monde, cache-toi jusqu'à l'aurore;
Le cœur que tu ne peux soumettre tout entier,
Si tu tardes, devra te résister encore!

A ton amour, non, non, je ne veux point de part;
Ta haine ne saurait éveiller qu'un sourire;
Tes chagrins peuvent déchirer, tes torts meurtrir,
Mais tes ruses mensongères sont dérisoires!

Tandis que je contemple au-dessus de ma tête
Les étoiles de cette mer mer libre d'orages,
Je veux nourrir l'espoir que toute la détresse
De la Création est contenue en toi!

And this shall be my dream to-night—
I'll think the heaven of glorious spheres
Is rolling on its course of light
In endless bliss through endless years;

I'll think there's not one world above,
Far as these straining eyes can see,
Where Wisdom ever laughed at Love,
Or Virtue crouched to Infamy;

Where, writhing 'neath the strokes of Fate,
The mangled wretch was forced to smile;
To match his patience 'gainst her hate,
His heart rebellious all the while;

Where Pleasure still will lead to wrong,
And helpless Reason warn in vain;
And Truth is weak and Treachery strong,
And Joy the shortest path to Pain;

And Peace, the lethargy of grief;
And Hope, a phantom of the soul;
And Life, a labour void and brief;
And Death, the despot of the whole!

April 13, 1843

Et voici quel sera mon rêve cette nuit :
Je croirai que le ciel des sphères radieuses
Poursuit à l'infini sa course lumineuse,
Toujours jouissant d'une infinie félicité ;

Je croirai qu'il n'est pas un seul monde là-haut,
Aussi loin que ma vue se porte avec effort,
Où jamais la Sagesse ait pu railler l'Amour
Et la Vertu ramper aux pieds de l'Infamie ;

Où, sous les coups du Sort se tordant de souffrance,
Le malheureux couvert de plaies ait dû sourire
Pour déjouer la haine par sa patience
Alors qu'en lui, sans cesse, se cabrait son cœur ;

Où le Plaisir fatalement conduise au mal,
Où la Raison s'épuise en vain à mettre en garde,
Où la Candeur soit faible et la Trahison forte,
Et la Joie le plus court chemin de la Douleur.

Où la Paix soit l'engourdissement de la Peine,
L'Espoir un fantôme de l'âme,
La Vie, un labeur vide qui ne dure point,
Et la Mort, sur eux tous, un Tyran souverain !

13 Avril 1843

WHY ASK TO KNOW WHAT DATE, WHAT CLIME?

Why ask to know what date, what clime?
There dwelt our own humanity,
Power-worshippers from earliest time,
Foot-kissers of triumphant crime
Crushers of helpless misery,
Crushing down Justice, honouring wrong:
If that be feeble, this be strong.

Shedders of blood, shedders of tears:
Self-cursers avid of distress;
Yet mocking heaven with senseless prayers
For mercy on the merciless.

It was the autumn of the year
When grain grows yellow in the ear;
Day after day, from noon to noon,
The August sun blazed bright as June.

But we with unregarding eyes
Saw panting earth and glowing skies;
No hand the reaper's sickle held,
Nor bound the ripe sheaves in the field.

A QUOI BON DEMANDER LA DATE, LE CLIMAT?

A quoi bon demander la date, le climat?
L'humanité qui vivait là, c'était la nôtre.
Adoratrice du Pouvoir dès l'origine
Et baiseuse de pieds du Crime triomphant,
Écraseuse de l'infortune sans défense,
Méprisant la Justice et vénérant le Tort :
Que celle-là soit faible, celui-ci est fort.

Verseuse de sang, verseuse de larmes :
Se maudissant soi-même en sa soif de malheur,
Moquant le Ciel, pourtant, par l'imploration insensée
Qu'il eût pitié des sans-pitié.

C'était l'automne de l'année,
Quand le grain jaunit dans l'épi;
Jour après jour, de midi en midi
Le soleil d'août flamboyait comme en juin.

Mais nous regardions avec indifférence
La terre pantelante et les cieux embrasés;
Nulle main ne tenait la faux du moissonneur
Ni ne liait aux champs les gerbes mûres.

Our corn was garnered months before,
Threshed out and kneaded-up with gore;
Ground when the ears were milky sweet
With furious toil of hoofs and feet;
I, doubly cursed on foreign sod,
Fought neither for my home nor God.

May 13, 1843

Notre blé, nous l'avions rentré depuis des mois,
Battu, pétri avec du sang,
Moulu, quand les épis étaient doux comme lait,
D'un âpre piétinement de chevaux et d'hommes,
Sans que, deux fois maudit sur la terre étrangère,
Je combattisse pour mon Dieu ou ma maison
[...]

13 mai 1843

HOPE

Hope was but a timid friend;
She sat without my grated den,
Watching how my fate would tend,
Even as selfish-hearted men.

She was cruel in her fear;
Through the bars, one dreary day,
I looked out to see her there,
And she turned her face away!

Like a false guard false watch keeping,
Still in strife she whispered peace;
She would sing while I was weeping;
When I listened, she would cease.

False she was, and unrelenting;
When my last joys strewed the ground,
Even Sorrow saw, repenting,
Those sad relics scattered round;

Hope—whose whisper would have given
Balm to all that frenzied pain—
Stretched her wings and soared to heaven;
Went—and ne'er returned again!

December 18, 1843

L'ESPÉRANCE

Craintive amie que l'Espérance;
Assise en dehors de ma geôle,
Elle guettait ma destinée
Comme font les cœurs égoïstes.

Elle était cruelle en sa crainte :
Un morne jour que, pour la voir,
J'épiais entre les barreaux,
Elle détourna le visage!

Faux veilleur faisant fausse garde,
Chuchotant paix quand je luttais,
Chantant si je versais des larmes,
Pour se taire quand j'écoutais!

Fausse, certe, autant qu'implacable :
Mes joies dernières humiliées,
L'Affliction même fut contrite
De voir leurs ruines dispersées.

Mais l'Espérance — dont un souffle
Eût guéri mon dément chagrin —
Gagnant les cieux à tire-d'aile,
S'en fut, et jamais ne revint.

18 décembre 1843

CASTLE WOOD

A. S.

The day is done, the winter sun
Is setting in its sullen sky;
And drear the course that has been run,
And dim the beams that slowly die.

No star will light my coming night;
No moon of hope for me will shine;
I mourn not heaven would blast my sight,
And I never longed for ways divine.

Through Life hard Task I did not ask
Celestial aid, celestial cheer;
I saw my fate without its mask,
And met it without a tear.

The grief that prest this living breast
Was heavier far than earth can be;
And who would dread eternal rest
When labour's hire was agony?

Dark falls the fear of this despair
On spirits born for happiness;

AU BOIS DU CHÂTEAU

A. S.

Le jour est à son terme, le soleil d'hiver
Se couche dans son morne ciel;
Lugubre en vérité la carrière fournie
Et blêmes les rayons qui lentement se meurent.

Aucune étoile n'éclairera ma nuit prochaine;
Aucun croissant d'espoir ne brillera pour moi;
Je ne m'afflige point que le Ciel m'enténèbre,
Je n'ai jamais langui après des voies divines,

Ni demandé dans la dure tâche de vivre
Que le Ciel m'encourage ou que le Ciel m'assiste;
Mon destin, je l'ai vu sans masque,
Je l'ai subi sans une larme.

La peine dont fut oppressé ce cœur en vie
Fut bien plus lourde que la terre ne peut l'être;
Et comment redouter le repos éternel
Quand le labeur n'eut pour salaire qu'agonie?

La terreur s'en abat, noire et désespérée,
Sur les esprits nés pour la joie et la liesse,

But I was bred the mate of care,
The foster-child of sore distress.

No sighs for me, no sympathy,
No wish to keep my soul below ;
The heart is dead since infancy,
Unwept-for let the body go.

February 2, 1844

Mais, avec le souci côte à côte élevé,
Je fus le nourrisson de l'amère détresse.

Pour moi ni sympathie, ni soupirs, ni regret
Que mon âme soit en partance;
Puisque le cœur est mort dès sa première enfance,
Que le corps s'en aille impleuré.

                                    2 février 1844

MY COMFORTER

Well hast thou spoken—and yet not taught
A feeling strange or new ;
Thou hast but roused a latent thought,
A cloud-closed beam of sunshine brought
To gleam in open view.

Deep down—concealed within my soul,
That light lies hid from men,
Yet glows unquenched—though shadows roll,
Its gentle rays cannot control—
About the sullen den.

Was I not vexed, in these gloomy ways
To walk unlit so long?
Around me, wretches uttering praise,
Or howling o'er their hopeless days,
And each with Frenzy's tongue—

A Brotherhood of misery,
With smiles as sad as sighs ;
Their madness daily maddening me,
And turning into agony
The Bliss before my eyes.

MON CONSOLATEUR

Oui, tu as bien parlé — sans toutefois m'apprendre
Un sentiment étranger ou nouveau;
Tu n'as fait qu'évoquer une pensée latente,
Que libérer des nues un rayon de soleil
Pour qu'il resplendît à la vue.

Enfouie profond, cachée au-dedans de mon âme,
Cette lumière est dérobée à tous les yeux,
Mais brille, toujours vive — en dépit des ténèbres
Qui de son doux éclat pensaient se rendre maîtres —
A travers ce séjour ombreux.

Quel ne fut mon tourment par les tristes méandres
Où, sans fanal, j'ai marché si longtemps,
Parmi des malheureux qui chantaient des louanges
Ou maudissaient leurs jours fermés à l'espérance,
Chacun d'une voix de dément!

Ah! cette confrérie de misère, aux sourires
Aussi dolents que des soupirs,
Et dont, jour après jour, m'affolait la folie,
Qui transformait en agonie
La Joie elle-même à mes yeux.

So stood I, in Heaven's glorious sun
And in the glare of Hell
My spirit drank a mingled tone
Of seraph's song and demon's moan—
What my soul bore my soul alone
Within its self may tell.

Like a soft air above a sea
Tossed by the tempest's stir—
A thaw-wind melting quietly
The snowdrift on some wintry lea;
No—what sweet thing can match with thee,
My thoughtful Comforter?

And yet a little longer speak,
Calm this resentful mood,
And while the savage heart grows meek,
For other token do not seek,
But let the tear upon my cheek
Evince my gratitude.

February 10, 1844

Embrasée que j'étais de céleste soleil
Et du flamboiement de l'Enfer,
Mon esprit s'abreuvait de ce trouble concert :
Les chants des séraphins et les cris des démons.
Ce qu'alors mon âme a souffert, mon âme seule
En son intime le peut dire.

T'irai-je comparer à la brise légère
Effleurant les flots en furie,
A ce vent de dégel qui, peu à peu, l'hiver,
Fond la neige sur la prairie ?
Non, je ne sache rien qui t'égale en douceur,
Mon très prudent Consolateur.

Mais daigne me parler encore un peu de temps,
Apaise mon ressentiment ;
Et, tandis que s'attendrira ce cœur sauvage,
Ne recherche point d'autre gage
Que celui, sur ma joue, d'une larme intimant
Quelle gratitude je sens.

10 février 1844

A DAY DREAM

On a sunny brae alone I lay
One summer afternoon;
It was the marriage-time of May
With her young lover, June.

From her Mother's heart seemed loath to part
That queen of bridal charms,
But her Father smiled on the fairest child
He ever held in his arms.

The trees did wave their plumy crests,
The glad birds carolled clear;
And I, of all the wedding guests,
Was only sullen there.

There was not one but wished to shun
My aspect void of cheer;
The very grey rocks, looking on,
Asked, "What do you do here?"

And I could utter no reply:
In sooth I did not know
Why I had brought a clouded eye
To greet the general glow.

RÊVE DIURNE

J'étais couchée sur un versant ensoleillé,
Seule, un après-midi d'été;
C'était au temps que Mai contracte mariage
Avec son jeune amant, Juin.

Cette reine des charmes nuptiaux répugnait
A quitter le cœur de sa Mère,
Mais son Père souriait à la plus belle enfant
Qu'il eût tenue entre ses bras.

Les arbres agitaient leurs cimiers emplumés,
Les oiseaux joyeux chantaient clair;
De tous les invités de la noce, j'étais
Seule à garder un front maussade.

Aucun d'entre eux qui ne souhaitât d'éviter
Ma physionomie chagrine;
Jusqu'aux rocs gris eux-mêmes qui, me regardant,
Demandaient : « Que fais-tu ici? »

Et moi, je ne trouvais rien à dire en réponse,
Car vraiment je ne savais pas
Pourquoi je confrontais d'un regard embrumé
Si radieuse compagnie.

So, resting on a heathy bank,
I took my heart to me;
And we together sadly sank
Into a reverie.

We thought, "When winter comes again,
Where will these bright things be?
All vanished, like a vision vain,
An unreal mockery!

"The birds that now so blithely sing,
Through deserts frozen dry,
Poor spectres of the perished Spring
In famished troops will fly.

"And why should we be glad at all?
The leaf is hardly green,
Before a token of the fall
Is on its surface seen."

Now whether it were really so
I never could be sure;
But as, in fit of peevish woe,
I streched me on the moor,

A thousand thousand glancing fires
Seemed kindling in the air;
A thousand thousand silvery lyres
Resounded far and near:

Methought the very breath I breathed
Was full of sparks divine,
And all my heather-couch was wreathed
By that celestial shine.

Là-dessus je me renversai dans la bruyère,
Je serrai mon cœur contre moi,
Et tous les deux ensemble nous nous abîmâmes
Dans une triste rêverie.

« Où donc », pensâmes-nous, « quand l'hiver reviendra,
Seront ces choses éclatantes?
Évanouies toutes, tel un mirage trompeur,
Une illusoire vision!

« Les oiseaux qui, pour lors, chantent un chant si gai
A travers les déserts de glace,
Misérables fantômes du défunt printemps,
Voleront en bande, affamés.

« Pourquoi donc si peu que ce soit nous réjouir?
La feuille n'est pas plutôt verte
Que déjà quelque gage du déclin de l'an
A sa surface vient s'offrir. »

Ce que je vis ensuite fut-il bien réel,
Je n'ai jamais pu le savoir;
Mais comme, dans l'excès de mon dépit morose,
Je me retournais sur la lande,

Par milliers de milliers, d'étincelantes flammes
Semblèrent s'allumer dans l'air;
Par milliers de milliers, des lyres argentines
Auprès comme au loin résonnèrent.

Il me sembla que de divines étincelles
Parsemaient mon haleine même,
Que mon lit de bruyère était enguirlandé
De cette céleste lumière.

And while the wide Earth echoing rang
To their strange minstrelsy,
The little glittering spirits sang,
Or seemed to sing to me:

"O mortal, mortal, let them die;
Let Time and Tears destroy,
That we may overflow the sky
With universal joy.

"Let Grief distract the sufferer's breast,
And Night obscure his way;
They hasten him to endless rest,
And everlasting day.

"To Thee the world is like a tomb,
A desert's naked shore;
To us, in unimagined bloom,
It brightens more and more.

"And could we lift the veil and give
One brief glimpse to thine eye
Thou wouldst rejoice for those that live,
Because they live to die."

The music ceased—the noonday Dream
Like dream of night withdrew
But Fancy still will sometimes deem
Her fond creation true.

March 5, 1844

Et tandis que la vaste terre renvoyait
L'écho de leur étrange orchestre,
Les scintillants petits esprits soudain chantèrent
Ou bien parurent me chanter :

« Mortelle, ô mortelle, qu'ils meurent! Que le Temps,
Que les Pleurs ruinent toutes choses,
Afin de nous permettre d'inonder le ciel
D'une liesse générale.

« Que le Chagrin vienne égarer le cœur qui souffre
Et que la Nuit brouille ses voies :
Il rejoindra plus vite l'éternel repos,
Et le jour qui n'a point de fin.

« A tes yeux l'univers est pareil à la tombe,
Au rivage nu du désert;
Pour nous, il resplendit sans cesse davantage
D'un éclat inimaginé.

Si nous pouvions lever le voile et t'en donner
Ne fût-ce qu'un bref aperçu,
Alors, ah! tu te réjouirais pour ceux qui vivent,
Parce qu'ils vivent pour mourir. »

La musique cessa — le rêve de plein jour
S'en fut tel un rêve nocturne;
Mais l'Imagination, parfois, s'obstine encore
A croire son mirage vrai.

5 mars 1844

HOW FEW, OF ALL THE HEARTS THAT LOVED

E. W. TO A. G. A.

How few, of all the hearts that loved,
Are grieving for thee now!
And why should mine, to-night, be moved
With such a sense of woe?

Too often, thus, when left alone
Where none my thoughts can see,
Comes back a word, a passing tone
From thy strange history.

Sometimes I seem to see thee rise,
A glorious child again—
All virtues beaming from thine eyes
That ever honoured men—

Courage and Truth, a generous breast
Where Love and Gladness lay;
A being whose very Memory blest
And made the mourner gay.

O fairly spread thy early sail,
And fresh and pure and free

PARMI TOUS LES CŒURS QUI JADIS T'AIMÈRENT

E. W. À A. G. A.

Parmi tous les cœurs qui jamais t'aimèrent,
Comme il en est peu qui te pleurent!
Et pourquoi le mien doit-il donc, ce soir,
Être ému de pareille peine?

Trop souvent, ainsi, lorsque je suis seule
Et que nul ne lit mes pensées,
Me revient un mot, un écho furtif
De ton étrange destinée.

Il semble parfois que tu ressurgisses,
Radieux enfant redevenu,
Tes yeux irradiant toutes les vertus
Qui jamais honorèrent l'homme.

Vérité, Courage, un sein généreux
Plein d'Amour, de Sérénité;
Ta mémoire même, alors, eût empli
De sainte Joie qui t'eût pleuré.

Ah! si fière au vent ta jeune voilure
Et combien fraîche et libre et pure

Was the first impulse of the gale
That urged life's wave for thee!

Why did the pilot, too confiding,
Dream o'er that Ocean's foam,
And trust in Pleasure's careless guiding
To bring his vessel home?

For well he knew what dangers frowned,
What mists would gather dim;
What rocks and shelves and sands lay round
Between his port and him.

The very brightness of the sun,
The splendour of the main,
The wind that bore him wildly on
Should not have warned in vain.

An anxious gazer from the shore,
I marked the whitening wave,
And wept above thy fate the more
Because I could not save.

It recks not now, when all is over;
But yet my heart will be
A mourner still, though friend and lover
Have both forgotten thee!

March 11, 1844

La première brise qui souleva
La vague de la vie pour toi!

Pourquoi le pilote trop confiant,
Se prenant à rêver sur l'onde,
S'en remit-il au Plaisir nonchalant
Du soin de guider son navire,

Quoiqu'il sût bien quels périls le guettaient,
Quels brouillards allaient l'obscurcir,
Et quels bas-fonds, quels sables, quels récifs
Le séparaient toujours du port?

Devant le soleil éclatant,
La splendeur des eaux océanes
Et le train fou dont l'emportait le vent,
N'aurait-il pas dû prendre garde?

Témoin anxieux, du rivage
Je voyais la vague blanchir
Et ne pleurais ton sort que davantage
De ne pouvoir te secourir.

Qu'importe, à présent que tout est fini!
Et pourtant mon cœur veut porter
Ton deuil, bien qu'amant et ami
L'un et l'autre t'aient oublié!

11 mars 1844

COME, WALK WITH ME

Come, walk with me;
There's only thee
To bless my spirit now;
We used to love on winter nights
To wander through the snow.
Can we not woo back old delights?
The clouds rush dark and wild;
They fleck with shade our mountain heights
The same as long ago,
And on the horizon rest at last
In looming masses piled;
While moonbeams flash and fly so fast
We scarce can say they smiled.

Come, walk with me—come, walk with me;
We were not once so few;
But Death has stolen our company
As sunshine steals the dew:
He took them one by one, and we
Are left, the only two;
So closer would my feelings twine,
Because they have no stay but thine.

VIENS-T'EN AVEC MOI

Viens-t'en avec moi;
Il n'est plus que toi
Dont mon cœur se puisse réjouir;
Nous aimions par les nuits d'hiver
Errer dans la neige :
Si nous renouvelions ces vieux plaisirs?
Noires et folles, les nuées
Tachent d'ombre, là-haut, les terres élevées
Comme elles faisaient autrefois,
Et ne s'arrêtent que là-bas,
A l'horizon confusément amoncelées,
Tandis que les rayons de lune
Si prestement luisent et fuient
Qu'à peine pouvons-nous dire qu'ils ont souri.

Viens avec moi — viens te promener avec moi;
Nous étions bien plus autrefois,
Mais la Mort nous a dérobé nos compagnons
Comme le Soleil la rosée;
Oui, la Mort les a pris un à un, nous laissant
Tous deux seuls désormais;
Aussi mes sentiments se voudraient-ils aux tiens
Nouer étroitement, n'ayant d'autre soutien.

"Nay, call me not; it may not be;
Is human love so true?
Can Friendship's flower droop on for years
And then revive anew?
No; though the soil be wet with tears,
How fair soe'er it grew;
The vital sap once perishèd
Will never flow again;
And surer than that dwelling dread,
The narrow dungeon of the dead,
Time parts the hearts of men."

[Spring 1844]

« Non, ne m'appelle pas, cela ne saurait être ;
L'Amour serait-il si constant ?
La fleur de l'Amitié peut-elle dépérir
Pour revivre après de longs ans ?
Non, quand même le sol est humide de larmes
Et si belle qu'elle ait pu croître ;
Car la sève une fois tarie, son flux vital
Ne s'épanchera jamais plus :
Mieux encore que ne fait l'étroit cachot des morts
La Terre sépare le cœur des hommes. »

[Printemps 1844]

THE LINNET IN THE ROCKY DELLS

E. W.

The linnet in the rocky dells,
The moor-lark in the air,
The bee among the heather-bells
That hide my lady fair:

The wild deer browse above her breast;
The wild birds raise their brood;
And they, her smiles of love caressed,
Have left her solitude!

I ween, that when the grave's dark wall
Did first her form retain,
They thought their hearts could ne'er recall
The light of joy again.

They thought the tide of grief would flow
Unchecked through future years,
But where is all their anguish now,
And where are all their tears?

Well, let them fight for Honour's breath,
Or Pleasure's shade pursue—

LE LINOT DANS LE VAL ROCHEUX

E. W.

Le linot dans le val rocheux,
L'alouette des landes dans l'air,
L'abeille parmi les bruyères
Qui cachent ma belle maîtresse :

Où gît son sein broute le cerf
Et nourrit l'oiseau sa couvée ;
Ceux-là même à qui son amour
Souriait, l'ont abandonnée !

Tout d'abord, quand la noire tombe
Sur sa dépouille se ferma,
Ils crurent que jamais leurs cœurs
Ne reverraient lueur de joie,

Que toujours le flot de la peine
Baignerait les ans à venir ;
Leur angoisse amère, où est-elle ?
Leurs pleurs déchirants, où sont-ils ?

Qu'ils courent donc après l'Honneur
Ou le fantôme du Plaisir,

The Dweller in the land of Death
Is changed and careless too.

And if their eyes should watch and weep
Till sorrow's source were dry,
She would not, in her tranquil sleep,
Return a single sigh.

Blow, west wind, by the lonely mound,
And murmur, summer streams,
There is no need of other sound
To soothe my Lady's dreams.

May 1, 1844

L'habitante de chez les morts,
Non moins changée, est impassible.

Si leurs yeux veillaient dans les larmes
Jusqu'à tarir leur source vive,
Son sommeil si calme, en retour,
N'exhalerait pas un soupir.

Passe, vent d'ouest, sur ce tertre;
Murmurez, ruisseaux printaniers,
Et les rêves de ma maîtresse
Seront doux : vous y suffirez.

1er mai 1844

TO IMAGINATION

When weary with the long day's care,
And earthly change from pain to pain,
And lost, and ready to despair,
Thy kind voice calls me back again—
O my true friend, I am not lone
While thou canst speak with such a tone !

So hopeless is the world without,
The world within I doubly prize ;
Thy world where guilt and hate and doubt
And cold suspicion never rise ;
Where thou and I and Liberty
Have undisputed sovereignty.

What matters it that all around
Danger and grief and darkness lie,
If but within our bosom's bound
We hold a bright unsullied sky,
Warm with ten thousand mingled rays
Of suns that know no winter days?

Reason indeed may oft complain
For Nature's sad reality,

A L'IMAGINATION

Lorsque, lassée du long souci du jour
Et ballottée de peine en peine,
Je suis perdue, prête à désespérer,
Ta bonne voix de nouveau me rappelle.
O ma fidèle amie, comment serais-je seule
Tant que tu peux parler sur pareil ton?

Le monde du dehors est si vide d'espoir
Que m'est deux fois précieux le monde du dedans,
Ce tien monde où jamais ne règnent ruse et haine
Non plus que doute et froid soupçon;
Où toi et moi, d'accord avec la Liberté,
Exerçons souveraineté indiscutée.

Qu'importe que, de toutes parts,
Le Péril, le Péché, la Ténèbre nous pressent
Si nous gardons ancré au fond de notre cœur
Un brillant ciel immaculé,
Chaud des mille rayons mêlés
De soleils qui jamais ne connaissent l'hiver?

La Raison peut souvent se plaindre en vérité
Du triste train de la Nature,

And tell the suffering heart how vain
Its cherished dreams must always be;
And Truth may rudely trample down
The flowers of Fancy newly blown.

But thou art ever there to bring
The hovering visions back and breathe
New glories o'er the blighted spring
And call a lovelier life from death,
And whisper with a voice divine
Of real worlds as bright as thine.

I trust not to thy phantom bliss,
Yet still in evening's quiet hour
With never-failing thankfulness
I welcome thee, benignant power,
Sure solacer of human cares
And brighter hope when hope despairs.

September 3, 1844

Et révéler au cœur souffrant combien ses rêves
Sont voués à demeurer vains;
Et la Réalité peut piétiner, brutale,
Les fleurs de l'Imagination à peine écloses.

Mais tu es toujours là pour ramener
Les visons latentes, pour parer
Le printemps dépouillé de nouvelles splendeurs
Et tirer de la mort une vie plus exquise,
Évoquant d'un souffle divin
De vrais mondes aussi lumineux que le tien.

Je ne crois guère en ta félicité fantôme,
Mais à l'heure apaisée du soir,
C'est toujours, oui, toujours avec reconnaissance
Que je te vois venir, ô bienfaisant pouvoir,
Infaillible consolatrice
Et quand l'espoir se meurt, plus radieux espoir.

3 septembre 1844

O THY BRIGHT EYES MUST
ANSWER NOW

O thy bright eyes must answer now,
When Reason, with a scornful brow,
Is mocking at my overthrow;
O thy sweet tongue must plead for me
And tell why I have chosen thee!

Stern Reason is to judgement come
Arrayed in all her forms of gloom:
Wilt thou my advocate be dumb?
No, radiant angel, speak and say
Why I did cast the world away;

Why I have persevered to shun
The common paths that others run;
And on a strange road journeyed on
Heedless alike of Wealth and Power —
Of Glory's wreath and Pleasure's flower.

These once indeed seemed Beings divine,
And they perchance heard vows of mine
And saw my offerings on their shrine —
But, careless gifts are seldom prized,
And mine were worthily despised;

OH! TES YEUX BAIGNÉS DE CLARTÉ
DOIVENT RÉPONDRE

Oh! tes yeux baignés de clarté doivent répondre
A présent que d'un front dédaigneux la Raison
Va se moquant de ma défaite;
Oh! ta langue suave doit plaider pour moi,
Dire pourquoi je t'ai choisie!

La sévère Raison siège au tribunal
Avec son lugubre appareil :
Vas-tu rester muette, toi, mon avocate?
Non pas, ange radieux, tu vas parler et dire
Pourquoi j'ai rejeté le monde;

Pourquoi j'ai fui sans cesse avec persévérance
Les sentiers battus par les autres,
Et voulu voyager par une route étrange,
Négligeant aussi bien que pouvoir et richesse
La couronne de gloire et la fleur du plaisir.

C'étaient jadis, pour moi, comme de divins êtres
Qui durent entendre mes vœux,
Me voir sur leurs autels déposer des offrandes —
Mais les dons nonchalants sont rarement prisés :
Les miens, à juste titre, furent méprisés.

So with a ready heart I swore
To seek their altar-stone no more,
And gave my spirit to adore
Thee, ever present, phantom thing —
My slave, my comrade, and my King!

A slave because I rule thee still;
Incline thee to my changeful will
And make thy influence good or ill —
A comrade, for by day and night
Thou art my intimate delight —

My Darling Pain that wounds and sears
And wrings a blessing out from tears
By deadening me to real cares;
And yet, a king — though prudence well
Have taught thy subject to rebel.

And am I wrong to worship where
Faith cannot doubt nor Hope despair
Since my own soul can grant my prayer?
Speak, God of Visions, plead for me
And tell why I have chosen thee!

October 14, 1844

D'un cœur allègre, alors, je fis serment
De déserter leur sanctuaire
En intimant à mon esprit de t'adorer,
O toi fantomatique, incessante présence —
Esclave tout ensemble que compagne et Reine!

Mon esclave, du fait que toujours je te mène,
Que je t'incline à ma changeante volonté,
Rendant ton influence bonne ou malfaisante;
Ma compagne, puisque, le jour comme la nuit,
Tu es mon intime délice;

Ma bien-aimée douleur qui blesses, qui corrodes
Et qui arraches un bienfait d'entre les larmes
En me rendant insensible aux vrais maux;
Et cependant ma Reine — encor que la prudence
A ta sujette ait enseigné la rébellion.

Ai-je tort d'adresser mon adoration
Là où la Foi ne peut douter ni désespérer l'Espérance,
Puisque tu peux, mon cœur, exaucer ma prière?
Déesse des visions, parle, plaide pour moi
Et dis pourquoi je t'ai choisie!

14 octobre 1844

THE WINTER WIND IS LOUD AND WILD

I.M. TO I.G.

"The winter wind is loud and wild;
Come close to me, my darling child!
Forsake thy books and mateless play,
And while the night is closing grey,
We'll talk its pensive hours away —

"Iernë, round our sheltered hall,
November's blasts unheeded call;
Not one faint breath can enter here
Enough to wave my daughter's hair;

"And I am glad to watch the blaze
Glance from her eyes, with mimic rays;
To feel her cheek so softly pressed
In happy quiet on my breast;

"But yet even this tranquillity
Brings bitter, restless thoughts to me;
And, in the red fire's cheerful glow,
I think of deep glens blocked with snow;

LE VENT D'HIVER HURLE EN FURIE

I. M. À I. G.

« Le vent d'hiver hurle en furie;
Viens plus près, mon enfant chérie!
Cesse de lire ou de jouer sans compagnon,
Et, tandis que le soir amasse ses grisailles,
Nous tromperons ces heures pensives en causant.

« A notre demeure bien close,
Iernë, en vain Novembre adresse ses rafales :
Pas un souffle n'entre, pas même
De quoi venir onder les cheveux de ma fille.

« C'est une joie de voir la flamme
Allumer en ses yeux des rayons répondeurs
Et de sentir sur ma poitrine
Sa tendre joue pressée dans un calme bonheur.

« Pourtant cette quiétude même
M'inspire des pensées amères, inquiètes,
Et je songe dans la rouge lueur joyeuse
A des vallées profondes que bloque la neige.

"I dream of moor, and misty hill,
Where evening gathers, dark and chill,
For, lone among the mountains cold
Lie those that I have loved of old,
And my heart aches, in speechless pain,
Exhausted with repinings vain,
That I shall see them ne'er again!"

"Father, in early infancy,
When you were far beyond the sea,
Such thoughts were tyrants over me —
I often sat for hours together,
Through the long nights of angry weather,
Raised on my pillow, to descry
The dim moon struggling in the sky;
Or, with strained ear, to catch the shock
Of rock with wave, and wave with rock.
So would I fearful vigil keep,
And, all for listening, never sleep;
But this world's life has much to dread :
Not so, my father, with the Dead.

"O not for them should we despair;
The grave is drear, but they are not there;
Their dust is mingled with the sod;
Their happy souls are gone to God!
You told me this, and yet you sigh,
And murmur that your friends must die.
Ah, my dear father, tell me why?

"For, if your former words were true,
How useless would such sorrow be!
As wise to mourn the seed which grow
Unnoticed on its parent tree,

« Je rêve de bruyères, de brumeuses collines
Où le soir qui descend est opaque et glacé,
Car, seuls, environnés de ces froides montagnes,
Gisent, hélas, ceux que j'aimais,
Et mon cœur déchiré d'une indicible peine
S'épuise en plaintes combien vaines
Parce que jamais plus je ne les reverrai! »

« Père, dans ma petite enfance,
Au temps où vous étiez par-delà l'océan,
Je fus tyrannisée de pareilles pensées.
Souvent, pour des heures entières,
Au long des nuits où la tempête faisait rage,
Assise dans mon lit, je suivais du regard
Le combat de la lune pâle dans le ciel,
Ou bien tendais l'oreille pour percevoir le choc
Du roc et de la vague, de la vague et du roc.
Ainsi veillais-je dans l'angoisse,
Et, pour mieux écouter, me privais de dormir;
Mais si les vivants, père, ont trop sujet de craindre,
Il n'en est point ainsi des morts.

« Oh! nous ne devons point désespérer pour eux;
Si la tombe est lugubre, ils sont en autre lieu :
Leur poussière est mêlée au sol,
Leurs âmes bienheureuses sont parties vers Dieu!
Vous qui me l'avez dit, vous poussez des soupirs,
Vous vous plaignez que vos amis doivent mourir.
Ah! pourquoi, cher père, pourquoi?

« Si vos dires anciens étaient vrais, combien vaine
Serait à présent votre peine!
Autant vous affliger parce que la semence
Qui a grandi, cachée, sur l'arbre paternel,

"Because it fell in fertile earth
And sprang up to a glorious birth—
Struck deep its roots, and lifted high
Its green boughs in the breezy sky!

"But I'll not fear—I will not weep
For those whose bodies lie asleep :
I know there is a blessed shore
Opening its ports for me and mine;
And, gazing Time's wide waters o'er,
I weary for that land divine

"Where we were born—where you and I
Shall meet our dearest when we die;
From suffering and corruption free,
Restored into the Deity."

"Well hast thou spoken, sweet, trustful child!
And wiser than thy sire :
And coming tempests, raging wild,
Shall strengthen thy desire—
Thy fervent hope, through storm and foam,
Through wind and Ocean's roar,
To reach, at last, the eternal home—
The steadfast, changeless shore! "

November 6, 1844

« Tombant en terre favorable,
Puis germant pour une naissance glorieuse,
Enfonce profond ses racines et élève
Ses rameaux verts dans les hauteurs du ciel venteux!

« Mais je n'aurai crainte ni larmes
Pour tous ceux dont les corps reposent endormis :
Il est un bienheureux pays
Dont les ports sont ouverts et à moi et aux miens;
Et mon regard franchit du Temps les eaux immenses,
Tant je languis après ce rivage divin

« Où nous naquîmes, où vous et moi rencontrerons,
La mort venue, nos bien-aimés;
Libres de la souffrance et de la corruption,
Rendus à la Divinité. »

« C'est bien parler, ma douce et véridique enfant,
Plus sage que ne l'est ton père,
Et les tempêtes qui s'en viennent, dans leur rage,
Vont fortifier ton désir —
Ton espoir, à travers l'écume et les orages,
Et la rafale, et le fracas des flots,
D'atteindre enfin la patrie éternelle,
Le ferme rivage immuable! »

6 novembre 1844

THE MOON IS FULL
THIS WINTER NIGHT

M. DOUGLAS TO E. R. GLENEDEN

The moon is full this winter night ;
The stars are clear though few ;
And every window glistens bright
With leaves of frozen dew.

The sweet moon through your lattice gleams
And lights your room like day ;
And there you pass in happy dreams
The peaceful hours away ;

While I, with effort hardly quelling
The anguish in my breast,
Wander about the silent dwelling
And cannot think of rest.

The old clock in the gloomy hall
Ticks on from hour to hour,
And every time its measured call
Seems lingering slow and slower.

And O how slow that keen-eyed star
Has tracked the chilly grey !
What watching yet, how very far
The morning lies away !

LA LUNE EST PLEINE
EN CETTE NUIT D'HIVER

M. DOUGLAS À E. R. GLENEDEN

La lune est pleine en cette nuit d'hiver,
Les étoiles sont rares, mais claires,
Et à chaque fenêtre on voit briller
Des feuilles de rosée gelée.

La douce lune entre par ton treillage
Et dans ta chambre fait le jour;
Tu passes là, plongée en d'heureux songes,
Des heures empreintes de paix;

Tandis que moi, luttant pour contenir
L'angoisse qui gonfle mon sein,
J'erre à travers le manoir silencieux
Sans pouvoir penser au repos.

La vieille horloge, dans la maussade entrée,
Poursuit son tic tac d'heure en heure,
Et chaque fois son appel mesuré
Paraît plus lent, plus lent encore.

Quel long guet, déjà, dans le gris glacial
Pour cette étoile à l'œil brillant!
Et, malgré tout, comme l'aube est lointaine,
Qu'il va falloir veiller longtemps!

Beside your chamber door I stand;
Love, are you slumbering still?
My cold heart underneath my hand
Has almost ceased to thrill.

Bleak, bleak the east wind sobs and sighs
And drowns the turret bell,
Whose sad note, undistinguished, dies
Unheard, like my farewell.

To-morrow Scorn will blight my name
And Hate will trample me—
Will load me with a coward's shame
A Traitor's perjury!

False Friends will launch their venomed sneers;
True Friends will wish me dead;
And I shall cause the bitterest tears
That you have ever shed.

The dark deeds of my outlawed race
Will then like virtues shine;
And men will pardon their disgrace,
Beside the guilt of mine;

For who forgives the accursed crime
Of dastard treachery?
Rebellion in its chosen time
May Freedom's champion be;

Revenge may stain a righteous sword,
It may be just to slay;
But, Traitor, Traitor—from that word
All true breasts shrink away!

Je reste là, debout devant ta porte ;
Dors-tu toujours, ma bien-aimée ?
Mon cœur est transi de froid : sous ma paume
Il a presque cessé de battre.

L'âpre, âpre vent d'est sanglote et soupire,
Noyant la cloche de la tour
Dont le triste son, imperçu, se meurt,
Aussi perdu que mon adieu.

Demain le mépris flétrira mon nom,
La haine me piétinera,
Me chargera de l'opprobre du lâche,
De la perfidie du félon.

Les faux amis cracheront leur venin,
Les vrais souhaiteront me voir mort :
Je te vaudrai les pleurs les plus amers
Que tu aies jamais répandus.

Les noirs méfaits de ma race hors-la-loi
Brilleront telles des vertus,
Et sa disgrâce, à côté de ma faute,
Sera légère aux yeux des hommes.

Car au lâche crime, au crime du traître
Qui donc a jamais pardonné ?
La Rébellion, née en dû temps, peut être
Championne de la Liberté ;

Un fer vengeur peut à bon droit se teindre ;
On peut immoler justement ;
Mais traître, traître — ah ! c'est là un vocable
Qui répugne à tout sein constant.

O I would give my heart to death,
To keep my honour fair :
Yet, I'll not give my inward Faith
My Honour's name to spare—

Not even to keep your priceless love,
Dare I, beloved, deceive ;
This treason should the future prove :
Gleneden, then believe !

I know the path I ought to go ;
I follow fearlessly,
Enquiring not what deeper woe
Stern Duty stores for me.

So Foes pursue, and cold allies
Mistrust me, every one:
Let me be false in others' eyes
If faithful in my own.

November 21, 1844.

Je veux bien donner mon cœur à la Mort
Pour sauvegarder mon honneur,
Mais non faire fi de ma foi intime
Pour en épargner le seul nom.

Même pour garder ton amour sans prix,
Bien-aimée, je n'ose trahir :
Si l'avenir prouve ma félonie,
Alors, que Gleneden y croie!

Je sais la voie qu'il me faut emprunter,
Je m'y engagerai sans craindre
Ni demander quelle pire douleur
Le Destin cruel me réserve.

Mes ennemis me traquent, mes alliés
Se méfient et me battent froid;
Que je sois donc un traître aux yeux des autres
Et qu'aux miens je garde ma foi!

21 novembre 1844

O DAY! HE CANNOT DIE

A. G. A.

(from a dungeon wall in the Northern College)

« *O Day! He cannot die*
When thou so fair are shining;
O sun! in such a glorious sky
So tranquilly declining,

"He cannot leave thee now
While fresh west-winds are blowing,
And all around his youthful brow
Thy cheerful light is glowing!

"Elbë, awake, awake!
The golden evening gleams
Warm and bright on Arden's lake
Arouse thee from thy dreams!

"Beside thee, on my knee,
My dearest friend, I pray
That thou, to cross the eternal sea
Wouldst yet one hour delay!

O JOUR! IL NE PEUT PAS MOURIR

A. G. A.

(d'un mur du donjon au Collège du Nord)

« O Jour! il ne peut pas mourir
Quand tu resplendis de la sorte;
Soleil! qui dans le ciel glorieux
Connais un déclin si tranquille,

« Il ne peut pas te délaisser
Lorsque soufflent ces frais zéphyrs
Et que ta joyeuse clarté
Couronne son front juvénile!

« Elbë, Elbë, réveille-toi!
Qu'elles te tirent de tes rêves,
Les chaudes dorures du soir
Qui se mirent au lac d'Arden!

« A ton côté je m'agenouille
Et te supplie, très cher, avant
De franchir la mer éternelle,
Ah! ne fût-ce qu'une heure, attends!

"I hear its billows roar,
I see them foaming high,
But no glimpse of a further shore
Has blessed my straining eye.

"Believe not what they urge
Of Eden isles beyond;
Turn back, from that tempestuous surge,
To thy own native land!

"It is not Death, but pain
That struggle in thy breast;
Nay, rally, Elbë, rouse again,
I cannot let thee rest!"

One long look, that sore reproved me
For the woe I could not bear—
One mute look of suffering moved me
To repent my useless prayer;

And with sudden check, the heaving
Of distraction passed away;
Not a sign of further grieving
Stirred my soul that awful day.

Paled at last, that sweet sun setting;
Sank to peace the gentle breeze;
Summer dews fell softly, wetting
Glen and glade, and silent trees.

Then his eyes began to weary,
Weighed beneath a mortal sleep;
And their light grew strangely dreary,
Clouded, even as they would weep;

« J'entends ses vagues rugissantes,
Je vois ses montagnes d'écume,
Mais j'ai beau forcer mon regard,
Je ne distingue nul rivage.

« Ne crois pas aux îles d'Eden
Qui gisent, dit-on, par-delà :
Fuis ce tempétueux abîme
Et regagne ton sol natal !

« C'est la souffrance, ce n'est pas
La Mort qui lutte en ta poitrine ;
De grâce, Elbë, réveille-toi :
Je ne puis te laisser dormir ! »

Un long regard qui me blâmait
De ne point souffrir le malheur,
Un regard de muette douleur
Me fit regretter ma prière ;

Et la vague de désespoir
Passa soudain ; nulle autre angoisse
Ne vint, en ce jour redoutable,
Égarer à nouveau mon âme.

Enfin pâli ce beau couchant,
Apaisée la brise suave,
La rosée mouilla doucement
Bois silencieux, clairière et val.

Alors ses yeux s'appesantirent
D'un assoupissement mortel ;
Leur lumière, étrangement terne,
S'embruma, comme pour des pleurs ;

But they wept not, but they changed not,
Never moved and never closed;
Troubled still, and still they ranged not,
Wandered not, nor yet reposed!

So I knew that he was dying—
Stooped, and raised his languid head—
Felt no breath and heard no sighing,
So, I knew that he was dead.

December 2, 1844

Mais ils ne pleurèrent, ne changèrent,
Ne bougèrent ni ne se fermèrent,
Troublés encor, point égarés;
Ni divagants ni en repos!

Alors je sus qu'il se mourait —
Soulevant sa tête languide,
Je ne perçus soupir ni souffle —
Alors je sus qu'il était mort.

2 décembre 1844

ENOUGH OF THOUGHT, PHILOSOPHER

"Enough of Thought, Philosopher;
Too long hast thou been dreaming
Unlightened, in this chamber drear
While summer'sun is beaming—
Space-sweeping soul, what sad refrain
Concludes thy musings once again?

« O for the time when I shall sleep
Without identity,
And **never** care how rain may steep
Or snow may cover me!

« No promised Heaven these wild desires
Could all or half fulfil;
No threatened Hell, with quenchless fires,
Subdue this quenchless will! »

—So said I, and still say the same;
—Still to my Death will say—
Three Gods within this little frame
Are warring night and day.

Heaven could not hold them all, and yet
They all are held in me

ASSEZ PENSÉ, PHILOSOPHE

« Assez pensé, philosophe ;
Voici trop longtemps que tu rêves
Sans lumière, en ces murs maussades,
Alors que resplendit l'été.
Ame coureuse d'espaces, par quel triste refrain
Vas-tu clore à nouveau tes songeries?

« *O vienne le temps que je dorme*
Sans identité,
N'ayant cure que la pluie me trempe
Ou que me couvre la neige !

« *Nul Ciel promis n'assouvirait,*
Même à demi, ces sauvages désirs,
Nul Enfer ne maîtriserait,
De ses flammes inextinguibles, cet inextinguible vouloir ! »

— Je le disais, je le redis,
Pour jusqu'à la mort le redire,
Trois dieux sont dans ce petit corps
Qui nuit et jour se font la guerre.

Tous ne tiendraient pas dans le Ciel,
Tous cependant tiennent en moi

And must be mine till I forget
My present entity.

O for the time when in my breast
Their struggles will be o'er;
O for the day when I shall rest,
And never suffer more!

"I saw a Spirit standing, Man,
Where thou dost stand—an hour ago;
And round his feet, three rivers ran
Of equal depth and equal flow—

"A Golden stream, and one like blood,
And one like Sapphire, seemed to be,
But where they joined their triple flood
It tumbled in an inky sea.

"The Spirit bent his dazzling gaze
Down on that Ocean's gloomy night,
Then—kindling all with sudden blaze,
The glad deep sparkled wide and bright—
White as the sun; far, far more fair
Than the divided sources were!"

—And even for that Spirit, Seer,
I've watched and sought my lifetime long;
Sought Him in Heaven, Hell, Earth and Air,
An endless search—and always wrong!

Had I but seen his glorious eye
Once light the clouds that 'wilder me,
I ne'er had raised this coward cry
To cease to think and cease to be—

Et miens doivent rester jusqu'à ce que j'oublie
Ma présente entité.

O vienne le temps qu'en ma poitrine
Leur combat prenne fin,
O vienne le jour que je repose
Sans plus souffrir!

« J'ai vu tout à l'heure un Esprit
Se tenir, homme, où tu te tiens :
A ses pieds ruisselaient trois fleuves
D'égal débit et profondeur—

« On aurait dit un fleuve d'or,
Un de sang et un de saphir,
Mais leurs trois cours se conjuguaient
Pour tomber dans une mer d'encre.

« L'Esprit vers ces flots de ténèbres
Abaissa son brillant regard
Et l'abîme, enflammé de joie,
Étincela de toutes parts,
Clair comme le soleil et combien plus superbe
Que leurs trois sources divisées! »

— Ah! cet Esprit, je l'ai guetté,
Voyant, je l'ai cherché tout le long de ma vie,
Au Ciel et dans l'Enfer, sur la Terre et dans l'Air,
Cherchant sans fin — et toujours mal!

Sa prunelle éclatante eût-elle illuminé
Une fois ces nues qui m'égarent,
Jamais je n'aurais eu ce cri de lâcheté :
Cesser de penser, cesser d'être!

I ne'er called oblivion blest,
Nor stretching eager hands to Death
Implored to change for lifeless rest
This sentient soul, this living breath.

O let me die, that power and will
Their cruel strife may close,
And vanquished God, victorious Ill
Be lost in one repose.

February 3, 1845

Jamais je n'aurais dit que l'Oubli fût béni,
Ni vers la Mort tendu des bras avides,
Implorant d'échanger contre un sommeil sans vie
Ce cœur sentant, ce vivant souffle.

Oh! que je meure, afin que pouvoir et vouloir
Terminent leur combat cruel
Et que le Bien vaincu comme le Mal vainqueur
Se fondent en un seul repos.

3 février 1845

COLD IN THE EARTH, AND THE DEEP SNOW PILED ABOVE THEE!

R. ALCONA TO J. BRENZAIDA

Cold in the earth, and the deep snow piled above thee!
Far, far removed, cold in the dreary grave!
Have I forgot, my Only Love, to love thee,
Severed at last by Time's all-wearing wave?

Now, when alone, do my thoughts no longer hover
Over the mountains on Angora's shore;
Resting their wings where heath and fern-leaves cover
That noble heart for ever, ever more?

Cold in the earth, and fifteen wild Decembers
From those brown hills have melted into spring—
Faithful indeed is the spirit that remembers
After such years of change and suffering!

Sweet Love of youth, forgive if I forget thee
While the World's tide is bearing me along:
Sterner desires and darker hopes beset me,
Hopes which obscure but cannot do thee wrong.

TRANSI DANS LA TERRE ET SUR TOI
CET AMAS DE NEIGE PROFONDE

R. ALCONA À J. BRENZAIDA

Transi dans la terre et sur toi cet amas de neige profonde!
Loin, loin de tout atteinte et transi dans la morne tombe!
Ai-je donc oublié, mon Unique Amour, de t'aimer,
Séparée enfin d'avec toi par le flot ruineux du Temps?

A présent, lorsque je suis seule, mes pensers ne s'en vont-ils plus
Planer parmi les monts des rivages d'Angore
Et reposer leurs ailes lasses là où la fougère et la brande
Couvrent ce noble cœur à jamais, à jamais?

Transi dans la terre et depuis, dévalant ces collines fauves,
Quinze inexorables hivers s'en sont venus fondre en printemps :
Fidèle est-il en vérité, l'esprit qui se souvient encore
Après pareille somme d'épreuves et de changements!

O tendre Amour de ma jeunesse, pardonne-moi si je t'oublie
Cependant que de-ci de-là m'emporte la marée du monde :
De plus implacables désirs, de plus sombres espoirs m'assiègent
Qui t'obscurcissent, il est vrai, mais sans pouvoir te faire
                                                    [tort.

No other Sun has lightened up my heaven;
No other Star has ever shone for me:
All my life's bliss from thy dear life was given—
All my life's bliss is in the grave with thee.

But when the days of golden dreams had perished
And even Despair was powerless to destroy,
Then did I learn how existence could be cherished,
Strengthened and fed without the aid of joy;

Then did I check the tears of useless passion,
Weaned my young soul from yearning after thine;
Sternly denied its burning wish to hasten
Down to that tomb already more than mine!

And even yet, I dare not let it languish,
Dare not indulge in Memory's rapturous pain;
Once drinking deep of that divinest anguish,
How could I seek the empty world again?

March 3, 1845

Nul soleil autre que le tien jamais n'a brillé dans mon ciel,
Nulle étoile autre que la tienne jamais n'a resplendi pour moi;
La seule joie qu'ait eue ma vie m'est venue de ta chère vie,
La seule joie qu'ait eue ma vie est ensevelie avec toi.

Mais lorsqu'eurent péri les jours visités de songes dorés
Et que fut le Désespoir même sans pouvoir pour anéantir,
Alors j'appris que l'existence se pouvait entretenir,
Réconforter, sustenter sans le secours du bonheur.

Alors, refoulant mes pleurs de vaine désespérance,
Déshabituant ma jeune âme d'aspirer après la tienne,
J'ai réprimé d'un « non » sévère mon brûlant désir de rejoindre
Une tombe qui était déjà plus que mienne!

Et je n'ose, aujourd'hui encore, l'abandonner à la langueur
Non plus qu'à la poignante extase du souvenir :
Si je m'abreuve à longs traits d'une angoisse aussi divine,
Comment pourrai-je à nouveau rechercher le monde vide?

3 mars 1845

DEATH, THAT STRUCK WHEN
I WAS MOST CONFIDING

Death, that struck when I was most confiding
In my certain Faith of Joy to be,
Strike again, Time's withered branch dividing
From the fresh root of Eternity!

Leaves, upon Time's branch, were growing brightly,
Full of sap and full of silver dew;
Birds, beneath its shelter, gathered nightly;
Daily, round its flowers, the wild bees flew.

Sorrow passed and plucked the golden blossom,
Guilt stripped off the foliage in its pride;
But, within its parent's kindly bosom,
Flowed forever Life's restoring tide.

Little mourned I for the parted Gladness,
For the vacant nest and silent song;
Hope was there and laughed me out of sadness,
Whispering, "Winter will not linger long."

And behold, with tenfold increase blessing
Spring adorned the beauty-burdened spray;

MORT QUI FRAPPAS
LORSQUE J'ÉTAIS LA PLUS CONFIANTE

Mort qui frappas lorsque j'étais la plus confiante,
Dans ma foi confirmée en la Félicité,
Frappe à nouveau, sépare la branche flétrie du Temps
De la vive racine de l'Éternité.

Les feuilles, sur la branche du Temps poussaient gaîment,
Gorgées de sève, gorgées d'argentine rosée.
Les oiseaux s'abritaient sous elle nuitamment,
Volaient le jour parmi ses fleurs.

La Peine vint qui déroba les fleurs dorées,
Le Péché saccagea le feuillage en sa gloire;
Mais dedans le bon sein qui les avait portés
Coulait toujours un flot de vie réparateur.

Je n'ai guère pleuré la Joie évanouie,
Non plus que le nid vide et la chanson muette,
Car l'Espoir était là, déridant ma tristesse,
Chuchotant que l'hiver ne s'attarderait mie.

Et, dix fois plus fertile en grâces abondantes,
Le Printemps vint charger la branche de beauté;

Wind and rain and fervent heat caressing
Lavished glory on its second May.

High it rose; no winged grief could sweep it;
Sin was scared to distance with its shine:
Love and its own life had power to keep it
From all wrong, from every blight but thine!

Heartless Death, the young leaves droop and languish!
Evening's gentle air may still restore—
No: the morning sunshine mocks my anguish—
Time for me must never blossom more!

Strike it down, that other boughs may flourish
Where that perished sapling used to be;
Thus, at least, its mouldering corpse will nourish
That from which it sprung—Eternity

April 10, 1845

Pluie et vent, puis chaleur ardente, caressante,
Parèrent d'un éclat glorieux son second mai.

Quel essor ! Nul chagrin ailé ne s'y haussait,
Son éclat retenait le Péché à distance,
L'Amour et sa vie propre aussi la protégeaient
De tout mal, de toute autre lèpre que la tienne !

Mort sans cœur ! voici dépérir les jeunes feuilles !
Mais le doux air du soir les peut encor guérir —
Non, le matin radieux se rit de mon angoisse,
Jamais le Temps, pour moi, ne saurait refleurir !

Frappe et le jette au sol, pour que d'autres fleurissent
Là où poussait ce rejeton exténué,
Et que, du moins, son corps en pourrissant nourrisse
Ce dont il a jailli : l'Éternité.

10 avril 1845

AH! WHY,
BECAUSE THE DAZZLING SUN

Ah! why, because the dazzling sun
Restored my earth to joy
Have you departed, every one,
And left a desert sky?

All through the night, your glorious eyes
Were gazing down in mine,
And with a full heart's thankful sighs
I blessed that watch divine!

I was at peace, and drank your beams
As they were life to me
And revelled in my changeful dreams
Like petrel on the sea.

Thought followed thought—star followed star
Through boundless regions on,
While one sweet influence, near and far,
Thrilled through and proved us one.

Why did the morning rise to break
So great, so pure a spell,
And scorch with fire the tranquil cheek
Where your cool radiance fell?

AH! POURQUOI,
PARCE QUE L'ÉBLOUISSANT SOLEIL

Ah! pourquoi, parce que l'éblouissant soleil
A rendu la terre à la joie,
Vous être en allées toutes de la sorte, toutes
Pour ne laisser qu'un ciel désert?

Tout le long de la nuit, vos yeux étincelants
Ont contemplé, fouillé les miens,
Et, des soupirs d'un cœur gonflé de gratitude,
Je bénissais ce guet divin!

J'étais en paix, je m'abreuvais de vos rayons
Comme s'ils m'eussent donné vie
Et m'ébattais au gré de mes rêves changeants,
Pareille au pétrel sur la mer.

Pensée après pensée, étoile après étoile
Se succédaient à l'infini,
Tandis qu'une même douceur, proche et lointaine,
Nous pénétrait, nous faisant un.

Ah! pourquoi le matin est-il venu briser
Un charme si pur, si sublime
Et roussir de son feu le visage paisible
Où tombaient vos fraîches lueurs?

Blood-red he rose, and arrow-straight
His fierce beams struck my brow:
The soul of Nature sprang elate,
But mine sank sad and low!

My lids closed down—yet through their veil
I saw him blazing still;
And bathe in gold the misty dale,
And flash upon the hill.

I turned me to the pillow then
To call back Night, and see
Your worlds of solemn light, again
Throb with my heart and me!

It would not do—the pillow glowed
And glowed both roof and floor,
And birds sang loudly in the wood,
And fresh winds shook the door.

The curtains waved, the wakened flies
Were murmuring round my room,
Imprisoned there, till I should rise
And give them leave to roam.

O Stars and Dreams and Gentle Night;
O Night and Stars return!
And hide me from the hostile light
That does not warm, but burn—

That drains the blood of suffering men;
Drinks tears, instead of dew:
Let me sleep through his blinding reign,
And only wake with you!

April 14, 1845

Il se leva sanglant et de ses traits farouches
Me vint frapper au front :
L'âme de la Nature exulta d'allégresse,
La mienne, accablée, s'abîma.

A travers le rideau de mes paupières closes
Je le voyais toujours arder,
Et baigner d'or le val enveloppé de brume,
Et sur les crêtes flamboyer.

Alors, oh! de m'en retourner à l'oreiller
Pour rappeler la Nuit, pour voir
Vos mondes de lumière auguste palpiter
Encore, avec mon cœur et moi!

Mais c'était sans espoir — car l'oreiller brillait,
Car brillaient le plancher, le toit,
Car les oiseaux chantaient à tue-tête au bocage,
Car un vent neuf secouait la porte.

Les rideaux ondulaient, les mouches ranimées
Murmuraient autour de ma chambre,
Captives jusqu'à l'heure où je me lèverais
Et leur rendrais la liberté.

O vous Étoiles, rêves, délicieuse Nuit,
O Nuit, Étoiles, revenez!
Et me dissimulez à la lumière hostile
Qui ne réchauffe pas, mais brûle,

Qui des hommes misérables draine le sang,
Boit les larmes, non la rosée :
Ah! puissé-je dormir sous son règne aveuglant
Avec vous seules réveillée!

14 avril 1845

HEAVY HANGS THE RAINDROP

A. E. AND R. C.

Heavy hangs the raindrop
From the burdened spray;
Heavy broods the damp mist
On uplands far away;

Heavy looms the dull sky,
Heavy rolls the sea—
And heavy beats the young heart
Beneath that lonely tree.

Never has a blue streak
Cleft the clouds since morn—
Never has his grim Fate
Smiled since he was born.

Frowning on the infant,
Shadowing childhood's joy,
Guardian angel knows not
That melancholy boy.

Day is passing swiftly
Its sad and sombre prime;

LOURDE PEND LA GOUTTE DE PLUIE

A. E. ET R. C.

Lourde pend la goutte de pluie
Au rameau qui ploie;
Lourde plane l'humide brume
Au loin, sur les Hautes-Terres.

Lourd menace le ciel maussade,
Lourde déferle la mer —
Lourd palpite le jeune cœur
Sous l'arbre solitaire.

Jamais nulle fente d'azur
N'a strié les nues depuis l'aube,
Jamais son farouche destin
N'a souri depuis qu'il est né;

Sévère à sa petite enfance,
Assombrissant ses joies puériles :
Point d'ange gardien pour veiller
Sur ce garçon mélancolique.

Le jour a tôt fait de franchir
Ses tristes, sombres, primes heures;

Youth is fast invading
Sterner manhood's time.

All the flowers are praying
For sun before they close,
And he prays too, unknowing,
That sunless human rose!

Blossoms that the west wind
Has never wooed to blow,
Scentless are your petals,
Your dew as cold as snow.

Soul, where kindred kindness
No early promise woke,
Barren is your beauty
As weed upon the rock.

Wither, Brothers, wither,
You were vainly given—
Earth reserves no blessing
For the unblessed of Heaven!

May 28, 1845

L'adolescence, de se fondre
En un plus sévère âge d'homme.

Toute fleur, avant de se clore,
Prie pour que vienne le soleil;
Lui de même, en toute innocence,
Humaine rose sans soleil.

Floraison que jamais vent d'ouest
Ne flatta pour l'épanouir,
Inodores sont tes pétales,
Tes rosées froides comme givre.

Ame où jamais l'amour des proches
N'éveilla de tendres promesses,
Stérile sera ta beauté
Ainsi que l'herbe sur le roc.

Fanez-vous, frères, fanez-vous.
En vain fûtes-vous octroyés :
La terre est sans bénédictions
Pour qui n'est point béni du Ciel.

28 mai 1845

CHILD OF DELIGHT!
WITH SUNBRIGHT HAIR

Child of delight! with sunbright hair,
And seablue, seadeep eyes;
Spirit of Bliss, what brings thee here,
Beneath these sullen skies?

Thou shouldest live in eternal spring,
Where endless day is never dim;
Why, seraph, has thy erring wing
Borne thee down to weep with him?

"Ah, not from heaven am I descended,
And I do not come to mingle tears;
But sweet is day, though with shadows blended;
And, though clouded, sweet are youthful years.

"I, the image of light and gladness,
Saw and pitied that mournful boy,
And I swore to take his gloomy sadness,
And give to him my beamy joy.

"Heavy and dark the night is closing;
Heavy and dark may its biding be:
Better for all from grief reposing,
And better for all who watch like me.

ENFANT DE JOIE
AUX CHEVEUX CLAIRS COMME UN SOLEIL

Enfant de joie aux cheveux clairs comme un soleil,
Aux yeux profonds comme la mer et bleus comme elle,
Radieux esprit de Félicité, se peut-il
Que tu sois descendu sous notre morne ciel?

Toi qui devrais jouir d'un éternel printemps,
De l'éclat jamais obscurci d'un jour sans fin,
Pourquoi d'une aile vagabonde, ô séraphin,
Venir auprès de cet enfant verser des larmes?

« Sache-le, ce n'est pas du ciel que je descends;
A ses larmes je ne viens pas joindre les miennes :
Mais aimable est le jour, quelque ombre qu'il s'y mêle,
Et, bien qu'ennuagé, le jeune âge est charmant.

« Moi, l'image de la lumière et de la liesse,
M'émouvant de pitié pour ce tendre endeuillé,
J'ai fait serment de l'arracher à sa tristesse,
Et de lui départir ma joie illuminée.

« La nuit qui vient s'annonce épaisse et ténébreuse;
Qu'épaisse et ténébreuse en effet elle soit
Pour le plus grand repos des âmes malheureuses
Et pour le bien de ceux qui veillent comme moi.

" Guardian angel, he lacks no longer ;
Evil fortune he need not fear:
Fate is strong, but Love is stronger ;
And more unsleeping than angel's care."

May, 1845

« Il n'a que faire désormais d'ange gardien ;
Il n'a point lieu de redouter la male chance :
L'Amour est plus puissant encor que le Destin
Et plus vigilant que tout ange. »

Mai 1845

HOW BEAUTIFUL THE EARTH IS STILL

How beautiful the Earth is still
To thee—how full of Happiness;
How little fraught with real ill
Or shadowy phantoms of distress;

How Spring can bring thee glory yet
And Summer win thee to forget
December's sullen time!
Why dost thou hold the treasure fast
Of youth's delight, when youth is past
And thou art near thy prime?

When those who were thy own compeers,
Equal in fortunes and in years,
Have seen their morning melt in tears,
To dull unlovely day;
Blest, had they died unproved and young
Before their hearts were wildly wrung,
Poor slaves, subdued by passions strong,
A weak and helpless prey!

COMME LA TERRE EST ENCOR BELLE

Comme la Terre est encor belle
Pour toi, combien fertile en Joie;
Combien libre de maux réels
Ou d'obscurs fantômes de peine!

De quel éclat t'est le Printemps;
Comme en été tu perds mémoire
Des lugubres jours de Décembre!
D'où viens que tu tiennes encor
D'une main sûre le trésor
Des ravissements du jeune âge
Si près de la maturité?

Quand ceux-là qui furent tes pairs
Pour la fortune et les années
Ont vu leur matin fondre en larmes,
Mué en morose journée.
Plût à Dieu qu'ils eussent péri
Dans leur innocence première
Avant que leurs cœurs torturés,
Pauvres esclaves, n'aient souffert
La tyrannie des passions
Dont ils étaient la proie facile!

"Because, I hoped while they enjoyed,
And by fulfilment, hope destroyed—
As children hope, with trustful breast,
I waited Bliss and cherished Rest.

"A thoughtful Spirit taught me soon
That we must long till life be done;
That every phase of earthly joy
Will always fade and always cloy—

"This I foresaw, and would not chase
The fleeting treacheries,
But with firm foot and tranquil face
Held backward from the tempting race,
Gazed o'er the sands the waves efface
To the enduring seas—

"There cast my anchor of Desire
Deep in unknown Eternity;
Nor ever let my Spirit tire
With looking for What is to be.

"It is Hope's spell that glorifies
Like youth to my maturer eyes
All Nature's million mysteries—
The fearful and the fair—

"Hope soothes me in the griefs I know,
She lulls my pain for other's woe
And makes me strong to undergo
What I am born to bear.

"Glad comforter, will I not brave
Unawed the darkness of the grave?
Nay, smile to hear Death's billows rave,
My Guide, sustained by thee?

« C'est que j'espérais, tandis qu'eux
Jouissaient, de ce fait ruinant toute espérance.
Comme espère un enfant, j'ai mis ma confiance
Dans la Félicité, cultivant le Repos.

« Tôt m'apprit un Esprit pensif
Que la vie doit rester jusqu'au terme une attente,
Qu'il n'est joie terrestre à la longue
Qui ne s'altère et n'engendre dégoût.

« J'ai pressenti cela, n'ai point voulu poursuivre
Les illusions évanescentes,
Demeurant de pied ferme et d'un calme visage
Hors d'une course si tentante
Pour, au-delà des sables que la vague efface,
Contempler les mers persistantes.

« Là j'ai jeté profond mon ancre de Désir
Dans l'Éternité inconnue
Sans laisser mon Esprit s'épuiser en efforts
Pour deviner *ce qui doit être.*

« C'est l'Espérance enchanteresse
Comme naguère la Jeunesse
Qui, à mes yeux plus mûrs, exalte les mystères
Dont surabonde la Nature —
Tous tant qu'ils sont, beaux et terribles.

« L'Espérance adoucit les maux que je rencontre,
La peine que m'inspire autrui,
Et me rend forte afin que je puisse endurer
Ce que je suis née pour subir.

« Heureux Consolateur, saurai-je pas braver
Sans peur la noirceur du tombeau,
Sourire même aux flots rugissants de la Mort,
O mon guide, avec ton soutien?

The more unjust seems present fate
The more my Spirit springs elate
Strong in thy strength, to anticipate
Rewarding Destiny !

June 2, 1845

Plus le sort présent semble injuste,
Plus mon esprit bondit allègre
Fort de ta force, pour devancer
Ta récompense, Destinée!

                                        2 juin 1845

SILENT IS THE HOUSE
— ALL ARE LAID ASLEEP

JULIAN M. AND A. G. ROCHELLE

Silent is the House—all are laid asleep;
One, alone, looks out o'er the snow wreaths deep;
Watching every cloud, dreading every breeze
That whirls the 'wildering drifts and bends the groaning trees.

Cheerful is the hearth, soft the matted floor;
Not one shivering gust creeps through pane or door;
The little lamp burns straight, its rays shoot strong and far;
I trim it well to be the Wanderer's guiding-star.

Frown, my haughty sire; chide, my angry dame;
Set your slaves to spy, threaten me with shame:
But neither sire nor dame, nor prying serf shall know
What angel nightly tracks that waste of winter snow.

In the dungeons crypts idly did I stray,
Reckless of the lives wasting there away;
"Draw the ponderous bars; open, Warder stern!"
He dare not say me nay—the hinges harshly turn.

SILENCIEUSE EST LA MAISON
— TOUS SONT PLONGÉS DANS LE SOMMEIL

JULIAN M. ET A. G. ROCHELLE

Silencieuse est la maison — tous sont plongés dans le sommeil;
Un seul regarde, solitaire, au-delà des neiges profondes,
Guettant des yeux chaque nuage, frémissant à chaque rafale
Qui soulève de fols tourbillons et ploie les arbres gémissants.

Joyeux est l'âtre rougeoyant, doux sous les pas le sol natté;
Nul glacial courant d'air ne vient se glisser par l'huis ou la
[vitre;
La petite lampe brûle droit, elle rayonne au loin avec force;
Je l'apprête bien pour qu'elle soit l'étoile qui guidera l'Errante.

Fronce le sourcil, hautain seigneur; et toi, gronde, dame en colère;
Apostez vos espions serviles; menacez-moi d'ignominie :
Seigneur ni dame ne sauront, ni leurs créatures aux aguets,
Quel ange parcourt nuitamment ce désert de neige hivernale.

Je flânais [1] d'un pas nonchalant parmi les cryptes du donjon,
Sans du tout prendre garde aux vies qui se consumaient là
dans l'ombre;
« Retire ces pesantes barres; allons, ouvre, geôlier farouche! »
Il n'osa pas me dire non : les gonds tournèrent en grinçant.

1. Celui qui guette l'approche de la visiteuse nocturne évoque maintenant des évène-
ments antérieurs. Cf. notre Note sur le texte. (N.d.t.)

"Our guests are darkly lodged," I whispered, gazing through
The vault whose grated eye showed heaven more grey than blue.
(This was when glad spring laughed in awaking pride.)
"Aye, darkly lodged enough!" returned my sullen guide.

Then, God forgive my youth, forgive my careless tongue!
I scoffed, as the chill chains on the damp flagstones rung;
"Confined in triple walls, art thou so much to fear,
That we must bind thee down and clench thy fetters here?"

The captive raised her face; it was as soft and mild
As sculptured marble saint or slumbering, unweaned child;
It was so soft and mild, it was so sweet and fair,
Pain could not trace a line nor grief a shadow there!

The captive raised her hand and pressed it to her brow:
"I have been struck," she said, "and I am suffering now;
Yet these are little worth, your bolts and irons strong;
And were they forged in steel they could not hold me long."

Hoarse laughed the jailor grim: "Shall I be won to hear;
Dost think; fond dreaming wretch, that I shall grant thy prayer?
Or, better still, wilt melt my master's heart with groans?
Ah, sooner might the sun thaw down these granite stones!

"My master's voice is low, his aspect bland and kind,
But hard as hardest flint the soul that lurks behind;
And I am rough and rude, yet not more rough to see
Than is the hidden ghost which has its home in me!"

« Nos hôtes sont logés sombrement » murmurai-je, scrutant
[du regard
Le caveau dont le jour grillé rendait le bleu du ciel grisâtre
(Car le printemps riait alors dans l'éveil de sa vaine gloire).
« Assez sombrement, comme vous dites! » repartit mon guide
[maussade.

Que Dieu pardonne à ma jeunesse, pardonne à ma langue
[imprudente,
Je raillais quand les fers glacés tintèrent sur la pierre moite.
« Enfermée dans ces tristes murs, resterais-tu si redoutable
Qu'il te faille charger de chaînes, et, ces chaînes, les river là? »

La captive leva le visage : il était aussi doux et tendre
Que celui d'une sainte en marbre ou d'un nourrisson endormi;
Il était si doux et si tendre, il était si beau, si aimable
Que n'y pouvaient doute ni peine creuser ride ni jeter ombre.

La captive leva la main et la pressa contre son front;
« On m'a frappée », répondit-elle, « et je suis dolente à présent;
Mais vos chaînes et vos verrous, si forts soient-ils, sont sans
[pouvoir :
Quand ils seraient d'acier trempé, je n'y languirai pas
[longtemps. »

Le geôlier eut un rire rauque : « Suis-je homme à me laisser
[fléchir?
Crois-tu, misérable rêveuse, que j'exaucerai ta prière?
Ou penses-tu de tes soupirs attendrir le cœur de ton maître?
Le soleil aurait plutôt fait de fondre ces murs de granit!

Mon maître parle sans éclats, il a l'air doux et débonnaire,
Mais dure comme le plus dur silex est l'âme qu'il cache là-
[derrière;
Et moi, rude comme je suis, je ne suis pas plus rude à voir
Que ne l'est l'invisible esprit qui a fait en moi sa maison. »

About her lips there played a smile of almost scorn:
"My friend," she gently said, "you have not heard me mourn;
When you my parents' lives—my lost life, can restore,
Then may I weep and sue—but never, Friend, before!"

Her head sank on her hands; its fair curls swept the ground;
The dungeon seemed to swim in strange confusion round—
"Is she so near to death?" I murmured, half aloud,
And, kneeling, parted back the floating golden cloud.

Alas, How former days upon my heart were borne;
How memory mirrored then the prisoner's joyous morn:
Too blithe, too loving child, too warmly, wildly gay!
Was that the wintry close of thy celestial May?

She knew me and she sighed, "Lord Julian, can it be,
Of all my playmates, you alone remember me?
Nay, start not at my words, unless you deem it shame
To own, from conquered foe, a once familiar name.

"I cannot wonder now at ought the world will do,
And insult and contempt I lightly brook from you,
Since those, who vowed away their souls to win my love,
Around this living grave like utter strangers move!

"Nor has one voice been raised to plead that I might die,
Not buried under earth but in the open sky;
By ball or speedy knife or headsman's skilful blow—
A quick and welcome pang instead of lingering woe!

Sur les lèvres de la captive se joua un hautain sourire;
« Mon ami », dit-elle doucement, « m'avez-vous entendu
                                        [gémir?
Ah! le jour où vous me rendrez la vie de mes parents, *ma* vie,
Je pleurerai, je supplierai — sans cela, *jamais*, mon ami! »

Sa tête tomba sur ses mains, ses tresses blondes frôlèrent le sol;
Le donjon parut à mes yeux tourbillonner d'étrange sorte.
« Est-elle donc si près de mourir? » demandai-je dans un
                                        [murmure;
Et, m'agenouillant, j'écartai le flottant nuage doré.

Ah! comme alors les jours anciens se rappelèrent à mon cœur,
Comme en ma mémoire se mira le gai matin de la captive!
Trop rieuse, trop aimable enfant, aux joies trop ardentes,
                                        [trop vives,
Était-ce donc par cet hiver que s'achevait ton divin Mai?

M'avisant, elle soupira : « Monseigneur Julian, se peut-il?
De tous mes compagnons de jeu, vous seul vous souvenez de
                                        [moi?
Ne tressaillez pas à ces mots si vous n'avez honte d'entendre
Ce nom si familier jadis venant d'une ennemie vaincue.

« Du fait du monde il n'est plus rien qui me puisse à présent
                                        [surprendre,
Et votre mépris, vos injures ne sauraient m'être que légers,
Quand ceux qui, pour gagner mon cœur, engageaient leur âme
                                        [immortelle
Autour de ce vivant tombeau passent en parfaits étrangers;

« Quand nulle voix n'a retenti pour plaider que je pusse mourir,
Non pas en terre ensevelie, mais à l'air libre, sous le ciel,
D'un coup de hache expéditif, d'une balle ou d'un fer rapide,
Souffrant mort brève et bienvenue au lieu d'un douloureux
                                        [languir!

"Yet tell them, Lord Julian, I am not doomed to wear
Year after year in gloom and desolate despair;
A messenger of Hope comes every night to me,
And offers, for short life, eternal Liberty.

"He comes with western winds, with evening's wandering airs,
With that clear dusk of heaven that brings the thickest stars;
Winds take a pensive tone, and stars a tender fire,
And visions rise and change which kill me with desire—

"Desire for nothing known in my maturer years
When joy grew mad with awe at counting future tears;
When, if my spirit's sky was full of flashes warm,
I knew not whence they came, from sun or thunderstorm;

"But first a hush of peace, a soundless calm descends;
The struggle of distress and fierce impatience ends;
Mute music soothes my breast—unuttered harmony
That I could never dream till earth was lost to me.

"Then dawns the Invisible, the Unseen its truth reveals;
My outward sense is gone, my inward essence feels—
Its wings are almost free, its home, its harbour found;
Measuring the gulf it stoops and dares the final bound!

"Oh, dreadful is the check—intense the agony
When the ear begins to hear and the eye begins to see;
When the pulse begins to throb, the brain to think again,
The soul to feel the flesh and the flesh to feel the chain!

"Yet I would lose no sting, would wish no torture less;
The more that anguish racks, the earlier it will bless;

« Et pourtant, Julian, dites-leur que je ne suis point condamnée
A me morfondre au long des ans dans la détresse et les ténèbres;
Il est un messager d'espoir qui s'en vient à moi chaque nuit,
Pour m'offrir contre peu à vivre une éternelle liberté.

« Il s'en vient avec les vents d'ouest, les souffles voyageurs
                                                    [du soir,
Avec ce clair-obscur du ciel qui sème le plus dru les étoiles;
Les vents prennent un ton pensif, les étoiles un feu plus tendre,
Et des visions naissent et changent qui me font pâmer de désir.

« Non que je désire plus rien de ce temps qu'avançant en âge
Ma joie s'affola de terreur à compter mes larmes futures
Et que le ciel de mon esprit s'embrasa d'ardentes lueurs
Dont je ne savais si la source était le soleil ou l'orage.

« Mais d'abord le calme se fait; tous bruits éteints, la paix
                                                    [descend;
La détresse et l'âpre révolte abandonnent enfin la lutte;
Une insonore mélodie panse mon cœur, harmonie muette
Dont je n'eusse jamais rêvé, que la terre ne me fût ravie.

« Puis c'est l'aube de l'Invisible, oui, le Dérobé se révèle;
Mes sens externes s'abolissent, mon intime essence s'éveille —
Elle a les ailes presque libres, elle sait son port, sa demeure :
Mesurant l'abîme, elle se bande, et puis ose le bond suprême!

« Oh! torturant est le rappel, oh! lancinante est l'agonie
Quand l'oreille commence à entendre, quand la prunelle
                                                    [commence à voir,
Quand le pouls se reprend à battre et le cerveau à concevoir,
Quand l'âme à nouveau sent la chair, quand la chair retrouve
                                                    [ses fers!
Non que je souhaite qu'un dard, qu'un tourment me soit
                                                    [épargné,
Car plus l'angoisse est déchirante, plus tôt vient la Félicité :

And robed in fires of Hell, or bright with heavenly shine,
If it but herald Death, the vision is divine."

She ceased to speak; and I, unanswering, watched her there,
Not daring now to touch one lock of silken hair—
As I had knelt in scorn, on the dank floor I knelt still,
My fingers in the links of that iron hard and chill.

I heard, and yet heard not, the surly keeper growl;
I saw, yet did not see, the flagstone damp and foul.
The keeper, to and fro, paced by the bolted door
And shivered as he walked and, as he shivered, swore.

While my cheek glowed in flame, I marked that he did rave
Of air that froze his blood, and moisture like the grave—
"We have been two hours good!" he muttered peevishly;
Then, loosing off his belt the rusty dungeon key,

He said, "You may be pleased, Lord Julian, still to stay,
But duty will not let me linger all day;
If I might go, I'd leave this badge of mine with you,
Not doubting that you'd prove a jailor stern and true."

I took the proffered charge; the captive's drooping lid
Beneath its shady lash a sudden lightning hid:
Earth's hope was not so dead, heaven's home was not so dear;
I read it in that flash of longing quelled by fear.

Then like a tender child whose hand did just enfold
Safe in its eager grasp, a bird it wept to hold,
When pierced with one wild glance from the troubled hazel eye,
It gushes into tears and lets its treasure fly,

Enrobée des feux de l'Enfer ou baignée d'un éclat céleste,
Il suffit qu'elle annonce la Mort pour que la vision soit divine. »

Elle se tut, et moi, dès lors, de la contempler sans répondre
Ni plus oser porter la main sur sa chevelure soyeuse.
J'avais ployé par dérision le genou sur la dalle humide :
Agenouillé je demeurai, mes doigts parmi les fers glacés.

J'entendais et n'entendais pas marmonner le geôlier bougon,
Je voyais et ne voyais pas la pierre infecte et suintante.
Le geôlier allait et venait devant la porte verrouillée,
Et frissonnait tout en marchant, et jurait à chaque frisson.

Tandis que ma joue s'enfiévrait, le rendaient fou d'impatience
Cet air qui lui gelait le sang, cette atmosphère de tombeau.
« Deux bonnes heures passées ici! » grommela-t-il d'un ton
                                                    [revêche,
Puis, détachant de sa ceinture la clef rouilleuse du donjon :

« Il peut vous plaire, Lord Julian, de vous attarder davantage,
Mais mon poste ne souffre pas que je reste là tout le jour;
Permettez-moi de vous laisser, et veuillez prendre mon insigne;
Vous serez, je n'en doute pas, un geôlier rigoureux et sûr. »

Je pris le dépôt confié; la paupière de la captive
Derrière le rideau des cils déroba un rapide éclair;
La terre, pour elle, n'était si morte, la céleste patrie si chère :
Je le lus à cette lueur de désir qu'étouffait la crainte.

Alors, ainsi qu'un tendre enfant dont la main, tout à l'heure
                                                    [encore,
Tenait ferme un petit oiseau en pleurant de l'emprisonner,
Mais qui, pour peu que l'œil noisette lui lance un regard apeuré,
Éclate soudain en sanglots, laissant s'envoler son trésor,

Thus ruth and selfish love together striving tore
The heart all newly taught to pity and adore;
If I should break the chain, I felt my bird would go;
Yet I must break the chain or seal the prisoner's woe.

Short strife, what rest could soothe—what peace could visit me
While she lay pining there for Death to set her free?
"Rochelle, the dungeons teem with foes to gorge our hate—
Thou art too young to die by such a bitter fate!"

With hurried blow on blow, I struck the fetters through,
Regardless how that deed my after hours might rue.
Oh, I was over-blest by the warm unasked embrace—
By the smile of grateful joy that lit her angel face!

And I was over-blest—aye, more than I could dream
When, faint, she turned aside from noon's unwonted beam;
When though the cage was wide—the heaven around it lay—
Its pinion would not waft my wounded dove away.

Through thirteen anxious weeks of terror-blent delight
I guarded her by day and guarded her by night,
While foes were prowling near and Death gazed greedily
And only Hope remained a faithful friend to me.

Then oft with taunting smile I heard my kindred tell
"How Julian loved his hearth and sheltering roof-tree well;
How the trumpet's voice might call, the battle-standard wave,
But Julian had not heart to fill a patriot's grave."

And I, who am so quick to answer sneer to sneer;
So ready to condemn, to scorn a coward's fear,
I held my peace like one whose conscience keeps him dumb,
And saw my kinsmen go—and lingered still at home.

Amour égoïste et pitié déchirèrent entre eux mon cœur
A tristesse et dévotion nouvellement initié :
Que je vinsse à rompre la chaîne, mon oiseau s'allait échapper,
Or il fallait rompre la chaîne ou contresigner son malheur.

Le débat fut bref : quel repos jamais aurais-je pu connaître,
Elle attendant là, languissante, que la vînt délivrer la Mort?
« Rochelle, il est dans nos cachots assez de proies pour notre
                                                    [haine :
Tu es trop jeune pour mourir ainsi bourrelée par le sort! »

A coups pressés, à coups têtus, je parvins à rompre la chaîne
Sans souci des heures amères que cela me pouvait valoir.
Oh! de quelle joie m'inondèrent la chaude étreinte spontanée,
Le sourire plein de gratitude dont s'éclaira sa face d'ange!

Quelle joie débordante aussi — passant ce que j'eusse rêvé —
Quand, déshabituée du soleil, elle s'en cacha, défaillante,
Quand, si vaste que fût la cage — le firmament l'environnait —
Son aile blessée refusa d'emporter au loin ma colombe!

Treize semaines d'anxiété, de terreur mêlée de délice,
Je la gardai durant le jour, je la gardai durant la nuit,
L'ennemi rôdant à deux pas, la Mort guettant d'un œil avide,
L'Espoir seul me montrant encore la fidélité d'un ami.

Souvent alors les miens disaient avec un sourire moqueur
Que « Julian chérissait par trop son âtre et son toit protecteur;
La trompette pouvait sonner, flotter l'étendard de la guerre,
D'emplir la tombe d'un héros, jamais Julian n'aurait le cœur ».

Et moi, d'ordinaire si prompt à répondre à la raillerie,
Si sévère et si méprisant pour les dérobades du lâche,
Je me taisais, tel un coupable à la voix de sa conscience,
Et regardais les miens partir — et restais toujours au logis.

Another hand than mine my rightful banner held
And gathered my renown on Freedom's crimson field;
Yet I had no desire the glorious prize to gain—
It needed braver nerve to face the world's disdain.

And by the patient strength that could that world defy,
By suffering, with calm mind, contempt and calumny;
By never-doubting love, unswerving constancy,
Rochelle, I earned at last an equal love from thee!

October 9, 1845

Une main autre que la mienne brandit ma royale bannière
Et récolta mes lauriers au champ rouge de la Liberté.
Pourtant je n'avais nul désir de conquérir le prix de gloire :
Affronter le mépris du monde voulait plus d'intrépidité.

Et c'est en défiant ce monde avec une ferme patience,
En endurant d'une âme égale le dédain et la calomnie,
En aimant sans jamais douter, inébranlable en ma constance,
Qu'enfin, Rochelle, j'eus ce triomphe que ton amour me
                                        [répondît !

9 octobre 1845

NO COWARD SOUL IS MINE

No coward soul is mine
No trembler in the world's storm-troubled sphere
I see Heaven's glories shine
And Faith shines equal arming me from Fear.

O God within my breast
Almighty ever-present Deity
Life, that in me has rest
As I, Undying Life, have power in Thee.

Vain are the thousand creeds
That move men's hearts, unutterably vain,
Worthless as withered weeds
Or idlest froth amid the boundless main

To waken doubt in one
Holding so fast by thy infinity
So surely anchored on
The steadfast rock of Immortality.

With wide-embracing love
Thy spirit animates eternal years
Pervades and broods above,
Changes, sustains, dissolves, creates and rears.

CE N'EST PAS UNE LACHE QUE MON AME

Ce n'est pas une lâche que mon âme,
Elle ne tremble pas en ce monde tourmenté d'orages :
Je vois briller les gloires du Ciel
Et la Foi brille à leur égal, me cuirassant contre la Crainte.

O Dieu de dedans ma poitrine,
Toute-puissante, toujours-présente Déité!
Vie qui en moi trouves repos
Comme je tire, impérissable Vie, force de Toi.

Vaines les mille croyances
Qui émeuvent les cœurs, indiciblement vaines,
Sans plus de vertu qu'herbes mortes
Ou que l'écume oiseuse de l'océan sans bornes

Pour semer le doute en une âme
Si fermement rivée à ton Infinité,
Si sûrement ancrée
A l'immuable roc de l'Immortalité.

De cet amour qui tout embrasse
Ton Esprit anime l'éternité des ans;
Des hauteurs où il règne et plane,
Il mue, soutient, défait, créant et vivifiant.

Though Earth and moon were gone
And suns and universes ceased to be
And thou wert left alone
Every Existence would exist in thee.

There is no room for Death
Nor atom that his might could render void
Since thou art Being and Breath
And what thou art may never be destroyed.

Jan. 2, 1846

Quand bien même Terre et lune auraient disparu,
Quand bien même soleils et mondes cesseraient d'être,
Et ne restât-il que toi seul,
Toute existence existerait en toi.

Il n'y a point place pour la Mort
Ni d'atome qu'elle ait pouvoir d'anéantir,
Puisque tu es l'Être et le Souffle
Et que ce que tu es — est à jamais indestructible.

2 janvier 1846

Appendice

STANZAS

Often rebuked, yet always back returning
  To those first feelings that were born with me,
And leaving busy chase of wealth and learning
  For idle dreams of things which cannot be:

To-day, I will seek not the shadowy region;
  Its unsustaining vastness waxes drear;
And visions rising, legion after legion,
  Bring the unreal world too strangely near.

I'll walk, but not in old heroic traces,
  And not in paths of high morality,
And not among the half-distinguished faces,
  The clouded forms of long-past history.

I'll walk where my own nature would be leading:
  It vexes me to choose another guide:
Where the gray flocks in ferny glens are feeding;
  Where the wild wind blows on the mountain side.

What have those lonely mountains worth revealing?
  More glory and more grief than I can tell:
The earth that wakes one human heart to feeling
  Can centre both the worlds of Heaven and Hell.

STROPHES

Mainte et mainte fois rabrouée, néanmoins revenant toujours
A ces sentiments tout premiers qui virent le jour avec moi,
Et laissant l'active poursuite de la richesse et du savoir
Pour rêver d'illusoire sorte à des choses qui ne sauraient être —

Aujourd'hui pourtant je renonce à chercher le séjour fantôme
Car, vide de tout réconfort, son immensité me consterne,
Et toutes les visions surgies, qui se succèdent par légions,
Rapprochent le monde irréel de trop inquiétante manière.

Je marcherai — non pas le long des anciennes voies héroïques,
Non pas en suivant les sentiers de la haute moralité,
Ni davantage en cheminant parmi les formes nébuleuses,
Les visages entr'aperçus de l'histoire des temps passés.

Je marcherai là seulement où ma propre nature me mène
— N'ayant aucune inclination à faire choix d'un autre guide —
Là où pâturent les troupeaux gris dans la fougère des vallons,
Là où les sauvages rafales balaient le versant des montagnes.

Qu'ont-elles donc de si précieux, ces montagnes, à révéler?
Plus de splendeur et de douleur que je ne saurais le décrire :
La terre qui, fût-ce en un seul cœur, éveille le don de sentir,
En elle-même peut enclore les mondes du Ciel et de l'Enfer.

Ce volume,
le cent soixante et onzième
de la collection Poésie,
a été achevé d'imprimer sur les presses
de l'imprimerie Bussière à Saint-Amand (Cher),
le 10 avril 2007.
Dépôt légal : avril 2007.
1ᵉʳ dépôt légal dans la collection : février 1983.
Numéro d'imprimeur : 70591.
ISBN 978-2-07-040937-2./Imprimé en France.

151716